"Better is not enough. **Be different.**"

나음보다 다름

2015년 5월 1일 초판 1쇄 발행
2025년 1월 2일 초판22쇄 발행

지은이　　홍성태, 조수용
펴낸이　　김은경
펴낸곳　　(주)북스톤
주소　　　서울시 성동구 성수이로7길 30, 2층
대표전화　02-6463-7000
팩스　　　02-6499-1706
이메일　　info@book-stone.co.kr
출판등록　2015년 1월 2일 제 2018-000078호

이 도서의 국립중앙도서관 출판예정도서목록(CIP)은
서지정보유통지원시스템 홈페이지(http://seoji.nl.go.kr)와
국가자료공동목록시스템(http://www.nl.go.kr/kolisnet)에서 이용하실 수 있습니다.
(CIP제어번호: CIP2015010286)

책값은 뒤표지에 있습니다. 잘못된 책은 구입처에서 바꿔드립니다.

북스톤은 세상에 오래 남는 책을 만들고자 합니다.
이에 동참을 원하는 독자 여러분의 아이디어와 원고를 기다리고 있습니다.
책으로 엮기를 원하는 기획이나 원고가 있으신 분은
연락처와 함께 이메일 info@book-stone.co.kr로 보내주세요.
돌에 새기듯, 오래 남는 지혜를 전하는 데 함께하겠습니다.

이 책에 쓰인 사진의 제공 및 촬영에는
매거진 〈B〉와 하바이아나스, 광동제약이 도움을 주셨습니다.

나음보다
다름

"어떻게 하면 더 잘 팔릴까?"

"어떻게 하면 더 잘 팔릴까?"

모든 기업의 고민이자 수많은 마케팅 회의에서 다루는 질문이다. 그런데 실은 답이 빤하다. 남과 차별화하면 된다. 기능에서든 서비스에서든 가격에서든 디자인에서든, 하여간 남과 다르게 해보려 애쓰는 이유다.

차별화된 제품을 만들기 위해 기업은 머리를 싸매고 고민을 시작한다. 기발하고 특이한 아이디어가 떠오르기를 기대하며, 크리에이티브라는 이름 아래 엉뚱하거나 튀는 아이템을 찾아 헤맨다. 그러나 좀처럼 묘안은 떠오르지 않고, 애꿎은 기술개발팀의 무능함을 탓하게 된다. 그래도 답이 안 나오면 시장으로 눈을 돌린다. 분명 아직도 찾지 못한 빈틈이 있을 거라는 희망에 포지셔닝 맵도 그려보고, 거금을 들여 시장조사도 해보지만 시원한 답은 찾지 못한다. 우왕좌왕하다가 시간만 또 흘러간다. 이번에는 책이나 인터넷 등에서 성공사례들을 찾아 아이디어를 얻으려 한다. 하지만 차별화를 다룬 수많은 책들에 실린 사례들은 마치 '콜럼버스의 달걀' 같다. 들어보면 기가 막힌 아이디어인데, 막상 그렇게 기발한 생각을 해내기란 쉽지 않다.

마케터는 엔지니어에게 상식을 뛰어넘는, 세상에 하나밖에 없는 제품을 만들어주기를 기대해서는 안 된다. 차별화는 엔지니어가 아니라 마케터가 이루는 것이다. 즉 아주 작은 차이를 소비자에게 '어떻게 각인시키느냐'가 차별화를 결정한다.

기술이 빛의 속도로 발달하는 오늘날에는 제품이나 서비스로 경쟁사들과 근본적인 차이를 만들기 힘들다. 그보다는 작은 차이 하나를 제대로 세워 소비자 한 명의 마음을 흔들고, 그 요소가 다른 사람의 마음도 흔들고, 그 진동이 시장 전체의 판도를 뒤바꿀 수 있다는 것이 차별화의 원리다.

이렇게 보자면 차별화에 대한 기본 개념도 다시 생각해봐야 할 것이다. 예전에는 시장을 세분화하여 각 세분시장에 맞게 다른 브랜드에는 없는 특징을 만드는 것이 차별화였다면, 이제는 니치 시장에서 작게 시작해 시장을 키워나가는 식으로 변화하고 있다. 그러나 이러한 현상을 제대로 짚은 연구는 많지 않아서 기업들의 차별화 전략과 성패를 예의 주시하며 변화의 흐름을 잡으려 하고 있었다.

그러던 중 알게 된 책이 매거진 〈B〉다. 요즘 'B급 문화'가 인기를 끌기는 하지만, 사실 B급이라는 말을 받아들이기란 쉽지 않다. 그런데 이 잡지는 스스로 'B급 브랜드'를 다룬다고 말한다. 가령 기업들이 만년필 중에는 몽블랑을, 가방 중에는 루이비통을 가장 선망하고 흉내 내려 한다면, 이 잡지는 라미 만년필과 포터 가방을 다룬다. 굳이 대단해 보이려고 나서지 않아도 진정한 가치를 알아봐주는 사람들이 찾는 브랜드를 다루는 것이다. 잡지를 읽다 보면 그런 브랜드야말로 차별화의 진정한 승자이며, '작아 보이려 할수록 차별화는 더 깊어진다'는 생각을 하게된다.

언젠가 그 잡지를 발간하는 조수용 대표를 만나 이야기하다 보니, 그의 생각과 나의 생각이 상당히 일치함을 알게 되었다. 왜 세상의 수많은 제품들이, 가게들이, 서비스가, 브랜드가, 기업이 차별화를 부르짖는지, 그 결과 얼마나 대중으로부터 인정받고 결실을 거두고 있는지, 혹 그렇지 못하다면 어째서인지 우리는 오랜 시간 의견을 나누었다. 그러던 차에 둘이서만 이럴 게아니라, 좀 더 많은 사람들과 '다름(차별화)'에 관한 우리의 생각을 공유하고 싶다는 생각을 하게 되었다.

한 사람은 학문을 하되 실무와의 접촉을 중시하는 학자다. 다른 한 사람은 디자인을 공부했으나 철저히 비즈니스맨을 자처하는 사람이다. 그래서 글은 교수인 내가 쓰고, 콘텐츠는 조 대표와 함께 채워가는 차별화 전략에 관한 책을 만들어보기로 했다. 전략은 고객과 만나는 접점에서 완성되므로, 다분히 실무적 양념이 더해져야 현실에서 실행할 수 있는 전략(actionable strategy)이 된다.

우리는 몇 번씩 서로의 강의를 듣고, 밤새워 의견을 교환하고 이야기를 나누며 원고를 완성해갔다. 고백하자면 좋은 책을 만들어 독자들과 공유하려는 목적에 앞서, 함께 책을 준비하고 만드는 과정에서 서로에게 많은 것을 배운 것만으로도 큰 보람을 느낀다.

차별화를 다룬 기존의 책들은 매우 많다. 그런데 책에 실린 성공사례들이 흥미롭기는 해도, 내가 다루는 제품의 차별화 아이디어를 정교화하고 구체화하는 것과는 거리가 멀어서 읽다 보면 아쉬울 때가 많다.

우리에게 진짜 필요한 차별화란 작게는 "내가 맥줏집을 하고 싶은데 어떻게 다르게 하면 좋을까?"에서부터, 크게는 "도대체 차별화를 어디서부터 어떻게 시작해야 하지?"라고 고민하는 기업에 로드맵을 그려주는 것이어야 한다. 따라서 이 책은 실질적인 차별화를 만들기 위해, '차별화의 원리'부터 '차별화의 유지방안'에 이르기까지 순서대로 차근차근 이끌어가는 구성을 취해보았다.

조 대표와 함께 정리한 결과물을 독자 여러분도 함께 즐기길 희망한다. 기획자, 마케터뿐 아니라 일반 사원에서부터 CEO, 브랜딩에 관심 있는 개인과 학생들까지, 이 책에서 자신에게 걸맞은 지혜를 얻을 수 있기를 기대해본다. 이제 이 책이 제시하는 로드맵에 따라 당신의 차별화를 완성해줄 여정을 시작해보자.

홍성태

"당신이 좋은 사람인 걸 알아요"

마케팅을 흔히 고객에 대한 구애과정에 비유한다. 나도 강연 때 그런 비유를 곧잘 들곤 한다. 예컨대 어떤 기업은 고객에게 "저 남자보다 제가 더 괜찮아요"라고 말하고, 어떤 기업은 자신이 말하지 않아도 고객이 먼저 "당신이 좋은 사람인 걸 알아요"라고 말한다.

전자는 광고와 PR로 "우리 제품은 이게 좋아요"라고 고객에게 주입하는 것이라면, 후자는 고객 머릿속에 '이 제품은 이게 좋다'는 점이 이미 인지되어 스스로 찾아오는 것이다. 당신이라면 어떤 기업이 되고 싶은가? 이 책은 스스로 찾아오게 하는 법에 관한 이야기다.

대학에서 디자인 공부를 시작한 이래 내가 줄곧 놓치지 않았던 생각은 왜, 무엇을 위해 디자인하는지에 대한 것이었다. 고민이 깊어지면서 그 대상도 자연스럽게 디자인에서 마케팅, 비즈니스로 이어졌고 결과적으로 기업이 존재하는 근원적인 목적과 함께 '브랜드'라는 단어에 도달하게 되었다. 얼핏 비인간적으로 보이는 치열하고 경쟁적인 자본주의 사회에서 경영주와 임직원 그리고 소비자가 서로 고마워하고 기뻐하는 이상적인 브랜드 모델은 없을까? 이런 고민에 대한 탐구 및 검증 작업은 균형 잡힌 브랜드를 매달 하나씩 다루는 매거진 〈B〉 발행으로 이어져오고 있다.

애초에 브랜드의 기능은 남들과 '구별'하는 것이었다. 과거에는 경쟁자와 내가 똑같을 때 로고나 심벌로 구별을 지으려 했다. 그런 시대에는 더 큰 기업, 더 강해 보이는 기업이 되는 것이 중요했다. 그래서 종업원 수를 비교하고, 매출액으로 경쟁했다. 자회사의 숫자가 많을수록 유리했기에 건설에서 백화점, 전자에서 보험에 이르기까지 업종에 관계없이 대기업의 통합된 브랜드를 붙였다. 사람들은 큰 기업 이름을 보고 '대기업', '믿을 수 있는 기업'으로 구별했고, 이들의 제품을 믿고 구매했다.

하지만 오늘날에는 이것이 효과적인 브랜딩 방법이 아닐 수 있다. 지금은 로고나 심벌이 없어도 구별이 되는 시대다. 그 수단은 바로 '차별'에 의해서다.

언뜻 보기에 차별은 구별과 비슷한 것 같지만, 실은 정반대의 개념이다. 화장품을 예로 들면, 전 세계에서 가장 큰 화장품 회사에서 만든 제품이 좋았던 때가 있다. 그러나 지금은 프랑스의 어느 작은 마을에서 하루에 100개밖에 못 만드는 제품이 더 비싸게 팔리는 시대다. 세상을 믿지 못할 시절에는 아주 큰 회사가 더 믿음직스러워 보였다. 골목 여기저기에 있는 로컬 빵집이 빵을 잘 만드는지 미심쩍을 때는 대형 프랜차이즈에서 만든 빵이 더 믿음직스러웠다. 그런데 지금은 일본에서 제빵 기술을 배워서 집에서 케이크를 만들어 파는 사람이 더 맛있는 케이크를 만들 수 있다. 예전에는 스타벅스가 가장 나아 보였는데 이제는 이태원 골목에 있는 하나밖에 없는 카페가 더 좋다. 그게 더 비싸고, 그게 더 멋있어 보인다. '크다', '세다'가 미덕이던 시대가 지난 것이다.

오늘날의 차별화란 이런 것 아닐까? 차별화되어 보이려면 작아 보여야 한다. 좁고 깊을수록 차별되는 이미지가 선명하게 인식되기 때문이다. 한껏 과장된 공룡 같은 브랜드보다 작고 단단한 브랜드가 되어야 사랑받을 수 있고, 마케팅이나 홍보 없이도 오래도록 남을 수 있다.

브랜드 컨셉은 브랜드 스스로 말하는 것이 아니다. 아무리 혼자서 우리 브랜드의 비전이 어떻고 장점이 무엇이고 사명이 무엇이라고 떠들어봐야 "저 착한 사람이에요" 하고 우기는 것처럼 소용이 없다. 남들이 우리 브랜드를 어떻게 생각하는지, 우리 브랜드를 보고 무엇을 떠올리는지가 중요하다. 그럼으로써 고객 스스로 '당신은 착한 사람'이라고 말하도록 하는 것. 이것이 이 책에서 계속 강조하는 '인식에서의 차별화'이자, 작게 차별화된 브랜드 컨셉이다.

아울러 나는 그 브랜드 컨셉의 중심에 '인간'이 있어야 한다고 생각한다. 누군가를 사랑하고 싶고 사랑하는 사람을 오래도록 보고 싶다는 '인간의 마음'이 브랜드 컨셉의 바탕이 되어야 한다는 깊은 믿음을 가지고 있으며, 매거진 〈B〉를 통해서도 그 근본 철학에 대해 이야기했다. 그럼으로써 고객의 구애를 먼저 받도록 하는 것이 궁극의 브랜드 컨셉이 아닐까.

홍성태 교수님과 함께 집필하게 된 이 책에서는 이상적인 브랜딩을 위해 현장에서의 실무적인 질문에 답을 해보고자 한다. 이 책은 기업 오너 경영자의 입장에서 시작하는 여타 차별화 책들과 달리, 실무를 하는 현장에서 좀 더 현실적이고 실질적인 도움을 얻을 수 있도록 한다. 효과적인 브랜딩 방법에 대한 무수한 질문에 대해 지금부터라도 고민을 시작할 수 있는 방법을 담은 해설서에 가깝다. 이 책에서 설명하는 브랜딩을 위한 사고과정은 차별화된 기업 브랜드나 제품 브랜드, 나아가 개인 브랜드를 만드는 데에도 적용할 수 있으리라 생각한다.

이 책을 만들면서 나 또한 감각에만 의존하지 않는 브랜딩의 합리적인 체계를 정립하는 데 대해 많이 배울 수 있었다. 오래전부터 존경해온 홍성태 교수님과 친분을 가지고 나누어왔던 브랜딩 이야기를 책으로 엮게 된 것도 큰 기쁨이다. 이 책을 통해 부디 세상에 균형 잡힌 아름다운 브랜드가 더 많아지기를 바라는 마음이다.

조수용

차례

작은 차이가
큰 성공을 낳는다

물건을 사러 갔는데 점원이 새로운 모델을 권하거나 더 비싼 제품을 내놓으면, 사람들은 흔히 이렇게 묻는다. "이게 뭐가 다르다는 거죠?"

차별점을 중심으로 제품을 판단하고 구매를 결정하는 것은 어찌 보면 인간의 본능일지도 모른다.

20세기 패션의 방향을 크게 바꾼 코코 샤넬은 "대체할 수 없는 그 무엇이 되려면, 끊임없이 차별화해야 한다(In order to be irreplaceable, one must always be different)"고 했다. 마케팅 전략 서적들이 공통적으로 강조하는 것도 이와 다르지 않다. 한마디로 '차별화 포인트'를 만들라는 것이다. 인터넷 결제업체 페이팔 Paypal의 창업자, 피터 틸Peter Thiel은 최근에 쓴 책, 《제로 투 원》에서 '경쟁하려 하지 말고, 차별화하여 독보적인 1인자가 되어야 한다'고 주장한다. 하버드 대학의 마이클 포터 교수를 유명하게 만든 《경쟁우위》나 김위찬 교수의 《블루오션 전략》, 문영미 교수의 《디퍼런트》 등 모든 전략 관련 베스트셀러의 메시지도, 상대적 우위 혹은 경쟁적 우위를 갖추라는 것이다. 경영의 대가나 석학들이 공통적으로 기업의 전략을 '차별적 우위(differential advantage)'를 차지하는 과정으로 본 것이다.

차별화에 관해 널리 알려진 책 중에 《퍼플 카우(Purple Cow)》가 있다. 우리에게는 《보랏빛 소가 온다》라는 한국어판 제목으로 친숙한 책인데, 대체 보랏빛 소가 어쨌단 말인가!

휴일을 맞아 아이의 성화에 못 이겨 교외로 차를 몰고 나간다. 정작 놀러가자고 노래를 부르던 아이는 길이 막히자 지루함을 참지 못하고 자동차 뒷좌석에서 몸을 뒤튼다. 그때 엄마가 "저기 소 있다, 얼룩소가 있네" 하면, 아이는 창밖의 소를 쳐다보며 좋아한다. 조금 있다 다시 지루해하는 아이에게 "저기 소가 또 있네!" 하면 한 번 쳐다보긴 한다. 한참 후에 아직도 지루해하는 아이에게 "얘, 저기 소 있다!"라고 외치면, "아, 됐어. 이제 소 재미없어"라는 대답이 돌아온다.

그렇게 한참을 가다 이번엔 "어, 저 소는 보라색이네?"라고 말한다면? 물론 보랏빛 소가 있을 리 없다. 하지만 아이는 "정말? 어디?" 하면서 창밖을 내다볼 것이다. 어른이라고 아이와 다르지 않다. 볼펜이든 운동화든 커피든 자전거든, 보랏빛 소처럼 뭔가 다른 특별한(remarkable) 점을 부각시켜야 사람들의 눈길을 끌 수 있다는 것이 이 책의 주장이다.

특별하면 좋은 줄 누가 모르나. 그렇지만 뭔가 특별한 점을 만든다는 게 말처럼 쉬운가 말이다. 더구나 제품마다 차별화를 부르짖다 보니 이제 대중은 어지간히 다르지 않고서야 꿈쩍도 하지 않는다. 그래서 기업마다 차별화 방안을 모색하고, 회의실에서는 매번 "뭐 좀 다른 거 없어?", "뾰족한 아이디어 좀 내봐"라는 상사의 질책이 이어진다. 그러나 정작 차별화의 실체가 무엇인지 생각해보면 묘연하기 짝이 없다. 차별화를 우리말로 쉽게 쓰면 '다르다'일 텐데, 여러분은 '다르다'는 말에서 무엇을 떠올리는가? 사람들에게 질문해보면 누군가는 '특이하다'를 떠올리고, 누군가는 '크리에이티브하다'는 이미지를 연상한다. '엉뚱하다', '난데없다', '튄다' 등 다소 부정적인 뉘앙스를 떠올리는 이들도 있다. 이처럼 사람들의 머릿속에는 '다름'에 대한 서로 다른 의미가 있다.

문제는 이것만이 아니다. 차별화를 추구하기는 하는데 목표가 없는 경우도 허다하다. 한 번은 A사로부터 문화센터를 짓고 싶다는 의뢰를 받았다. 담당자가 좋은 아이디어 좀 내보라고 하기에 물었다. "문화센터 지어서 뭘 하고 싶으세요? 임대료 많이 받고 싶으세요? 좋은 건물 지었다고 자랑하고 싶으세요? 주민들에게 호의를 얻고 싶으세요?"

그러자 돌아온 대답이 걸작이었다. "솔직히, 다 하고 싶은데요."

헉, 차별화를 하려면 목적이 무엇인지부터 정해야 하는데, 왜 차별화하려는지도 생각지 않은 채 차별을 추구한다. 프로젝트를 의뢰하는 기업들은 으레 머릿속에 '전구가 반짝' 하는 컨설턴트를 기대한다. 그러나 세간의 눈을 끄는 성공 사업은 반짝해서 나온 게 아니다.

마케팅이란 한마디로 소비자의 '선택(choice)'을 끌어내는 작업이다. 그러려면 사람들이 어떤 사고 과정과 감정적 처리를 거쳐 물건을 사는지, 저것을 사려다가 왜 이것을 사는지에 대한 메커니즘을 파악해야 한다. 그 원리를 이해해야만 소비자에게 차별점을 인식시키고 우리 제품을 사게 할 답을 찾을 수 있다. 파는 사람의 머릿속이 아니라, 소비자의 마음속에서 전략이 나와야 차별화가 가능하다는 말이다.

누구에게 '다름'을 인정받을 것인가?

모든 전략이 부르짖는 '차별적 우위(differential adavantage)'의 의미를 곱씹어보는 데서 시작해보자. 우선, 도대체 '우위'란 무엇일까? 우위가 남보다 더 좋다는 뜻임은 다 알고 있다. 중요한 것은 좋아하는 '주체'다. 누가 좋다고 생각해야 할까? 그렇다. 당연히 소비자다. 그런데 놀랍게도 현실에서는 이 당연한 사실을 망각하는 경우가 흔하다. 자기의 기준으로 자신들이 좋아하면 고객도 좋아할 거라 착각하는 것이다.

비행기의 퍼스트나 비즈니스 클래스에 타면 항공사에서 VIP

승객이라며 선물을 주곤 한다. 그런데 이 선물이라는 게, 간혹 쓸모가 참 애매하다. 예전에는 남자들에게는 넥타이를, 여자들에게는 스카프를 주었다. 소재도 실크인 데다 디자인도 고급스러웠다. 하지만 생각해보라. 일등석을 타는 승객이 항공사 이름이 떡하니 새겨진 넥타이를 매고 다니겠는가? 안 맨다. 일등석을 타는 여자 승객들 중 명품 브랜드가 아닌 사은품 스카프를 반갑게 두르고 다닐 사람이 얼마나 될까? 거의 없다. 그렇다면 왜 그런 선물을 주는 것일까?

그 선물을 누가 골랐을까 짐작해보면 답이 나온다. 아마도 마케팅 담당자가 제안하고, 젊고 똑똑한 마케팅 담당 임원이 승낙했을 것이다. 그들은 자기들이 받으면 좋아할 만한 품목이니 승객들도 당연히 좋아하리라 믿었을 것이다.

언젠가 우연찮게 항공사에서 강의할 기회가 있어서 이에 관해 이야기한 적이 있다. 여러분이 좋아하는 걸 찾지 말고 일등석 승객에게 꼭 필요한 게 무엇인지 생각해보라고 했다. 직원들이 나름대로 열심히 궁리한 끝에 이번에는 트레이닝복을 주기로 했다.

일등석을 타는 승객은 아무래도 사회적 지위가 높거나 중요한 비즈니스를 위해 비행기를 타는 사람들이 대부분이다. 자연히 편한 옷보다는 어느 정도 차려입거나 정장을 입고 오기 마련이다. 오랜 시간 정장을 입은 채 비행기를 타면 불편한 건 당연지사. 그래서 생각 끝에 승객들이 편하게 입을 수 있는 트레이닝복을 준비한 것이다. 그런데 결과는? 일등석 승객 중에서 항공사에서 주는 트레이닝복을 입고 앉아 있는 사람이 얼마나 있을까? 거의 없다.

서비스의 예를 더 들어보련다. 요즘이야 이코노미석도 장거리 노선이면 좌석마다 영화를 볼 수 있는 모니터가 달려 있지만, 예전에는 비즈니스석 이상을 타야 선택의 여지가 있었다. 수년 전, 뉴욕에 갈 때였다. 장시간 비행기를 타야 하는 터라 그동안 모은 마일리지를 투자해 큰맘 먹고 비즈니스석으로 업그레이드했다. 비행기에서 잠도 잘 안 오고 해서 영화를 보려고 목록을 보았다. 그때만 해도 디지털화가 안 되어 있어서 〈엑스맨X-Men〉, 〈브루스 올마이티Bruce Almighty〉, 〈이탈리안 잡The Italian Job〉, 〈대디데어케어Daddy Dare Care〉, 〈니모를 찾아서Finding Nemo〉, 〈훼일 라이더Whale Rider〉, 그리고 한국 영화 〈싱글즈〉까지 영화가 일곱 편밖에 없었다. 모두 신작이었는데, 가만 보고 있자니 의아한 생각이 들었다. 비즈니스석이나 일등석을 타는 사람들의 연령이 어느 정도일까? 적어도 50대나 60대 이상이 태반일 것이다. 이 일곱 편 중에 그들이 보고 싶어 할 영화가 몇 편이나 있을까?

아니, 그 영화들을 대체 누가 골랐을까. 아마 회사에서 가장 영화에 관심이 많은 직원일 것이다. 모르긴 해도 그들은 새로 나온 영화들 중에서 자기가 선호하는 영화들을 목록에 올렸을 것이다. 그렇지만 60대 고객이 보고 싶어 하는 영화는 아니다. 이런 일이 그 항공사에만 있는 것도 아니니, 특정 기업을 비방하려는 의도는 전혀 없다. (실제로 그 항공사는 많은 개선 과정을 거쳐,

지금은 세계 최고 수준의 기내 서비스와 비디오 · 오디오 프로그램을 갖추고 있다.)

우리는 말로만 '소비자의 관점에서 생각하자'고 하고, 실제로는 여전히 마케팅 담당자나 임원의 개인적 관점에 머무를 때가 많다. 시장에서 승리하려면 자신들이 아니라 소비자가 좋아하는 것을 제공해야 한다. 즉 기업이 취해야 할 전략의 첫 번째 핵심은 '소비자가 좋다고 생각하게 만드는 것'이다.

이번에는 '차별적 우위'라는 말의 '차별적'이란 용어를 곰곰이 생각해보자. 차별적이란 쉽게 말해 '다르다'는 얘기다. 빔 프로젝트를 제작하는 신생기업 K사는 국내 최고의 과학기술대학을 나온 젊은이들이 만든 벤처기업이었다. 그들은 갖은 노력 끝에 기존의 제품과 전혀 다른 제품을 개발하는 데 성공했다. 초점도 자동으로 맞춰지고 화면의 크기도 영사막 사이즈에 맞게 자동 조절되는 것이었다. 그런데 그걸 본 시장 선도기업이 "이거 참 잘 만들었네!" 하며 일일이 뜯어서 비결을 알아냈다. 센서를 두 개 달고 초점을 맞추는 렌즈의 모터를 직각으로 배열한 방식이었다. 그들은 곧장 K사와 비슷한 제품을 만들었고, K사는 오래지 않아 문을 닫고 말았다.

이 이야기가 주는 교훈은 무엇일까? '차별'이 단순히 '남들과 다르다'에 그쳐서는 안 된다는 사실이다. 제품을 다르게 만들었다 해도 남들이 쉽게 흉내 낸다면, 차별적 특성은 곧 힘을 잃어버린다. 즉 '차별적'이란 경쟁자가 '쉽게' 흉내 낼 수 없을 만큼 달라야 한다는 뜻이다. 경쟁자가 '영원히' 흉내 낼 수 없는 제품을 만들 수만 있다면 좋으련만, 요즘은 기술수준이 높아져 그러기도 쉽지 않다. 특허권이나 의장등록 등을 통해 법적으로 차별성을 지키려 해도, 경쟁자들은 머지않아 다른 기술을 원용해 차별점을 상쇄시킨다.

이 말은 궁극적인 차별화를 꾀하는 것은 불가능하다는 뜻일까? 그렇지 않다. 기술이나 효용의 차별성은 한계가 있을지 몰라도 소비자의 마음속에 '하나밖에 없는 제품(서비스)'이라 인식시키는 것은 가능하다. 그러므로 '차별점'을 눈에 보이는 실제적인 차이(substantive difference)에만 국한시킬 것이 아니라, 인식상의 차이(perceptual difference)가 더더욱 중요하다는 사실을 깊이 이해해야 한다.

'제품'의 차별에서 '인식'의 차별로

로모(Leningrad Optical Mechanical Association, 러시아어 약자로는 'LOMO')는 1914년 러시아의 레닌그라드에 세워진 광학 기업으로, 거기서 생산된 카메라를 가리키는 말이기도 하다. 로모는 소비자용 제품보다는 군사용 광학제품과 범죄수사용 현미경, 내시경 부품 등을 주로 생산한다. 즉 소비자 친화적인 기업은 아닌 셈이다.

카메라는 1925년부터 만들기 시작했는데, 전설적인 라이카나

이 엉성한 카메라를 어떻게 사람들이 열광하는 제품으로 탈바꿈시켰을까?

콘탁스 카메라를 흉내 냈지만 그리 뛰어난 제품은 아니었다. 렌즈의 광학적 왜곡이 심한 탓에 채도가 높아져 색이 너무 강하게 나오고, 편광 처리가 안 되어 사진에 난데없이 무지개가 뜨기도 한다. 또 노출 조정이 취약해 노출 부족이나 노출 과다가 되기 십상인 데다, 거리를 눈대중으로 측정해야 하기 때문에 초점이 분명치 않을 때가 태반이다. 한마디로 좋은 카메라가 아니다.

1990년대 초, 오스트리아 비엔나의 두 청년이 프라하를 여행하던 중 살짝 촌스럽고 투박한 모양의 이 카메라를 우연히 보게 된다. 그들은 사진이 제대로 나올 것 같지도 않은 그 카메라를 싼 맛에 구입해 장난삼아 몇 장 찍었다. 두 청년은 비엔나로 돌아와 필름을 현상했는데, 예상대로 사진은 잘 나오지 않았지만

이렇게 이상한 색으로 나오는 카메라를 도대체 어떻게 하면 팔 수 있을까?

기존의 사진과 다른 묘한 매력이 있다는 점에 주목했다. 그들은 '특이한 느낌과 의도치 않았던 색깔, 그리고 흐릿한 초점이 주는 모호함'에 매력을 느꼈다. 사진을 보여준 친구들 모두 카메라에 대해 궁금해할 정도로 독특했다. 그 카메라가 바로 '로모'다.

장난감 같은 카메라에 매료된 두 젊은이는 용감하게 로모 공장이 있는 상트페테르부르크로 향한다. 그리고 공장장과 당시 부시장이었던 지금의 러시아 대통령 블라디미르 푸틴을 설득해서 1995년 이후 러시아를 제외한 세계 각국의 독점 판매권을 따낸다. 이렇게 탄생한 회사가 바로 '로모그래픽 소사이어티 인터내셔널'이다.

때마침 인터넷이 전 세계로 퍼지고 있어서 그들은 사진을 웹

(www.lomography.com)에 올려 공유할 수 있었고, 덕분에 수많은 이들이 로모의 매력에 눈뜨기 시작했다. 1997년에는 마드리드에서 세계 로모 사진대회가 열렸는데, 3만 5,000명이 넘는 로모그래퍼가 참여해 120m에 달하는 로모 월을 만들기도 했다. 로모 월은 전 세계 로모그래퍼들이 찍은 수만 장의 사진으로 제작되는데, 이 전통은 광학 전시회로 유명한 쾰른의 포토키나를 필두로 런던 트라팔가 광장, 베이징 만리장성, 뉴욕의 현대미술관(MoMA)에 이르기까지 전 세계 로모그래퍼들을 한곳에 모으는 역할을 하고 있다.

로모에 대해 이렇게 자세히 설명하는 것은, 로모가 차별화의 원리를 매우 잘 보여주기 때문이다. 우리는 제품의 기능이나 품질에 부단히 신경 쓰지만, 오늘날 영원히 흉내 내지 못할 제품은 없다. 설령 있다 해도 극소수에 불과하고 결국에는 엇비슷한 제품이 나오게 돼 있다. 그렇다면 차별화는 영영 불가능한 것일까. 아니, 그렇지 않다. 진정한 차별화는 사람들의 머릿속에서, 즉 '인식'을 통해 이루어진다. 로모를 보라. 품질로만 보면 벌써 없어졌어야 할 카메라인데, 날로 인기를 더해가고 있지 않은가.

로모는 기대하지 않았던 사진이 나온다는 점을 자기만의 차별화 포인트로 삼고, 그것을 대체할 수 없는 강점으로 인식시켰다. 이 카메라는 의도한 대로 사진이 나오진 않지만 우연찮게 재미있는 사진을 건질 때가 종종 있다. 혹자는 그것을 인생에 비유하기도 한다. 자신이 의도한 대로 살 수는 없지만, 때로는 그 우연 덕분에 즐거움을 누리는 것이 우리네 인생과 같다는 것이다. 로모의 사용자들은 자신이 찍은 사진을 웹사이트에 올려 모르는 사람들과 공유하는 것도 즐긴다. 다음은 영문 웹사이트 첫 페이지에 실린 글을 번역한 것이다.

"로모그래피의 세상에 오신 것을 환영합니다.
달콤한 냄새가 나는 로모그래피의 바다에 빠지는 일과
비교할 수 있는 것은 없습니다.
등을 기대고 편하게 앉아서 즐기세요.
아니면 로모그래피한 눈으로 본 어지러운 당신 주변을
저희에게도 보여주세요.

운 좋게 잡은 순간들, 이상한 사진들,
흔들려 찍혀 아무것도 아닌 것이 된 형상들.
로모그래피는 이런 모든 것을
모으고, 아끼고, 보여줍니다.
로모그래피 웹사이트는 당신의 사진들을 소화해낼
준비가 되어 있습니다.

자, 축제를 시작하세요. 그리고 결코 잊지 마세요.
당신의 삶은 로모그래피, 그 자체입니다."

로모를 즐기는 룰은 "생각하지 말고, 그냥 찍어라(Don't Think, Just Shoot)"다. 사진 찍는 법이 따로 있는 게 아니니, 아무데서든 들이대고 찍으라는 것이 로모의 철학이다. 누구나 사진 찍힐 때면 다소 긴장하기 마련인데, 이 카메라에서는 그런 긴장감 없이 자유로움을 느낄 수 있다. 또 일반 카메라와 달리 어른이 찍으나 아이가 찍으나 엇비슷한 수준의 사진이 나오니, 그저 누구라도 마음 놓고 셔터를 누르면 된다.

우리는 알게 모르게, 차별화를 한다고 하면 무조건 뭔가 새롭고 획기적인 제품을 만들어야 한다는 노이로제에 걸려 있는 듯하다. 하지만 남보다 앞서야겠다는 생각에 몰두하다가는 자칫 혁신의 함정에 빠지기 쉽다. 품질이나 기술의 '실제적인 차이'도 중요하겠지만, 그에 못지않게 중요한 것은 바로 '인식상의 차이'를 만드는 것이다. 물리적인 차이는 경쟁자에게 금세 따라잡힐 수 있지만, 인식상의 차이는 사람들의 마음에 한번 각인되면 따라 하기가 훨씬 어렵다.

시중에 나와 있는 그 많은 차별화에 관한 책이 흥미롭게 읽히다가도 간혹 짜증이 나는 이유가 여기에 있다. 그런 책들에 나오는 차별화 사례는 참으로 기막히게 희한하여 도무지 천재가 아니면 생각해낼 수 없는 기발한 아이디어나 기술로 만든 제품들 일색이다. 그러나 정작 우리에게 필요한 차별화는, 사람들에게 우리 치킨집이 옆의 치킨집과 다른지를 어떻게 인식시킬 것인지와 같은 문제다.

대기업도 마찬가지다. 간혹 세상을 뒤집을 만큼 놀랍고 새로운 제품이 탄생하기도 하지만, 아무리 뛰어난 기업이라도 매번 세상을 뒤집을 만한 혁신을 이어가기란 불가능하다. 어쩌면 이런 딜레마 속에 마케팅의 본질이 숨어 있는지도 모른다. 하루하루 행해지는 마케팅에서 조그마한 진화를 일궈내고, 그것을 의미 있는 차별화로 사람들의 마음속에 '인식시키는 것'이야말로 마케팅의 진정한 역할이 아닐까.

프랑스 소설가 마르셀 프루스트는 자신의 작품《잃어버린 시간을 찾아서》에서 "진정한 탐험의 여정은 새로운 경치를 찾는 데 있는 것이 아니라, 새로운 시각으로 보는 것에 있다(The real voyage of discovery consists not in seeking in new landscape, but in having new eyes)"라는 말을 남겼다. 이 말은 차별화의 핵심을 잘 보여준다. 새로운 제품이나 기능을 만드는 데만 집착하지 말고, 작은 차이를 어떻게 눈에 띄는 '보랏빛 소'처럼 인식시킬지 고민하라는 얘기다.

누군가 '마케팅 전략'이 한마디로 뭐냐고 묻는다면, '경쟁자와의 차별적 우위점을 어떻게 고객에게 인정받을 것인가에 대한 게임'이라고 말하고 싶다. 여기에는 경쟁우위, 고객의 관점, 인정, 게임 등 여러 가지 용어들이 등장하는데, 이 책에서 각각의 의미를 곱씹어보게 될 것이다.

'나음'보다 '다름'을 추구하라

교육열이 높은 한국 부모들은 아이들이 초등학교에 들어가기 전부터 수십만 원에 달하는 책과 교구를 세트로 구입하곤 한다. 교재사업에서 유아교육 분야는 당연히 모두가 탐내는 시장이 될 수밖에 없다. 새로이 이 시장에 진입한 B사가 있었다. 시장의 리더 격인 A사의 세트를 살펴보니 교재 32권, 교구 5종, 오디오 CD 3장, DVD 1장, 부모 지침서 1권으로 구성돼 있었다. 후발주자인 B사는 어떻게 A사를 따라잡을지 고심하다 교재 35권, 교구 9종, 오디오 CD 4장, DVD 1장, 부모 지침서 1권으로 구성된 세트를 내놓았다. A사보다 교재를 더 주는 대신 30%가량 높은 가격을 책정하여 더 고급이라는 인식을 심어주자는 차별화 전략이었다.

B사는 과연 A사를 따라잡을 차별화에 성공했을까? 많은 기업들이 경쟁사보다 좀 더 많이(more) 주거나, 좀 더 나은(better) 기능, 또는 더 큰(bigger) 제품을 만드는 것을 차별화라고 믿는다. TV 제조업체들은 미래의 거실을 차지하기 위해 치열한 기술경쟁을 벌인다. 그렇지만 55인치, 65인치, 84인치, 98인치 등으로 하루가 다르게 대형 TV들이 나와 경쟁하는 이 순간에도, 어느 기업이 이기고 있는지 기억하는 사람은 없다.

1997년 스티브 잡스는 자신을 쫓아낸 애플을 살리기 위해 돌아왔다. 애플은 주당 200달러가 넘던 주가가 5달러 아래로 떨어지며 망해가고 있었다. 그가 다시 만난 직원들과의 첫 미팅에서,

당시 개발 중인 컴퓨터에 대해 보고를 받을 때였다. 직원들은 맞수인 IBM보다 메모리 용량이 얼마나 더 크고, 정보 처리 속도가 얼마나 더 빠른지, 전반적으로 얼마나 더 나은(better) 제품을 개발하고 있는지 부지런히 설명했다. 가만히 듣고 있던 잡스가 일갈했다.

"경쟁사보다 더 잘 만드는 걸로는 충분하지 않습니다. 다르게 만들 궁리를 하세요(Better is not enough. Try to be different)."

바로 차별화의 진정한 의미를 일깨우는 대목이다. 더 많은 혜택을 주는 것이 성공의 공식이라면 동화약품의 '비타1000'이 광동제약의 '비타500'보다 더 많이 팔려야 할 텐데, 어디 실제 그런가!

맥도날드를 성공시킨 레이 크록 Ray Kroc에 관한 이야기는 《모든 비즈니스는 브랜딩이다》라는 책에도 나오지만, 차별화의 본질을 잘 설명해주는 사례이므로 여기에 다시 한 번 요약한다. 크록이 미국 전역에 산재해 있는 6,000여 개의 매장을 방문할 때마다 직원들에게 강조한 말은 다음과 같다.

"언제나 잊지 마세요. 우리는 햄버거 비즈니스를 하는 게 아닙니다. 우리는 쇼 비즈니스를 하는 겁니다(Remember, we are not in hamburger business. We are in show business.)."

맥도날드가 햄버거 비즈니스를 하는 게 아니고 쇼 비즈니스라니? 크록은 평소 직원들에게 "고객들에게 QSC&V를 분명하게 보여주라(show)"고 주문해왔다. 여기서 Q는 '품질(quality)'과 '신속함(quick)', S는 '서비스(service)', C는 '청결(clean)', V는 '가치(value)'를 의미한다. 즉 좋은 품질의 제품을, 신속하고 친절하게 서비스하고, 늘 깨끗하게 하며, 아울러 맥도날드의 가치를 지키라는 뜻인데, 중요한 것은 그런 구호가 아니다. 그것을 고객들이 분명하게 느끼게끔 '보여주라(show)'는 것이다.

얘기인즉슨, 실제 몇 초 빨리 서비스했느냐가 중요한 것이 아니라 빨리(quick) 갖다 주는 것처럼 '느끼게' 하고, 막연하게 좋은 서비스가 아니라 큰소리로 인사하는 등 대접받는(service) '느낌'을 확실하게 주라는 것이다. 또 햄버거를 먹으려고 입을 크게 벌리면, 눈은 자연히 천장의 조명등을 향하게 되니 거기에 먼지가 쌓이지 않도록 해라. 음식을 깨끗이 만든 것처럼 보이려면 환경이 청결해(clean) '보여야' 한다. 특히 화장실은 깨끗해야 한다. 그래야 보이지 않는 주방도 깨끗하다고 '여길' 테니까. 미국의 국민 브랜드인 맥도날드는 결코 경쟁사보다 비싼 값에 햄버거를 판매하지 않는다. 하지만 햄버거를 아무 종이로나 싸지 않고 맥도날드 로고가 선명하게 인쇄된 깨끗하고 고급스러운 기름종이로 포장해준다. 내가 먹는 햄버거가 가격 대비 가치(value)가 있다고 '느끼게' 되는 것이다.

크록은 햄버거 비즈니스를 '맛의 경쟁'으로만 생각하면 차별화의 승부가 나지 않을 거라는 사실을 간파했다. 햄버거 맛이 승리의 필요조건이 될지는 몰라도 충분조건이 될 수는 없다고 본 것이다. 그래서 'QSC&V'라는 네 가지 목표에 집중해 고객들에게 맥도날드의 특성을 인식시키도록 주문했다. 햄버거를 만드는 데 거창한 우주공학 기술이 필요한 것도, 최첨단 IT 기술이 요구되는 것도 아니다. 웬만한 사람이라면 하루이틀만 연구해도 맥도날드보다 더 맛있는 햄버거를 만들 수 있다. 하지만 지난 수십 년 동안 수백 곳의 기업이 맥도날드의 아성을 깨려고 그렇게 애썼는데도 깨지 못한 것은 바로 이 '인식의 차별화' 때문이다. 대부분의 기업들이 맥도날드보다 맛있는 버거를 만드는 데만 신경 썼던 것이다. 그래서 더 두꺼운 고기를 넣는다거나, 더 좋은 토마토를 쓴다거나, 더 질 좋은 빵을 쓴다고 강조하며 제품의 실제적인 우수성을 주로 내세웠다.

물론 맥도날드도 맛있는 햄버거를 만들려고 끊임없이 연구하고 있다. 그러나 그들은 '다름'의 포인트를 가장 좋은 재료를 쓰는 등의 물리적인 차이를 만드는 데만 두지 않는다. 대신 언제나 신속하며(Q) 친절하고(S) 깨끗하며(C) 가격이 합리적(V)이라는 차별점을 뿌리 깊게 '인식'시켜, 그 오랜 세월 동안 왕좌를 지키고 있는 것이다.

시장을 지배하기 위해 여러분이 다루는 제품이 반드시 세계 최고일 필요는 없다. 일류대학을 졸업한 사람이 반드시 더 좋은 직장을 구하고, 미스코리아급 미녀가 배우자를 더 잘 만나는 게 아니다. 내가 가진 특징 중에서 무엇을 '다름의 포인트'로 인식시킬 것인가에 따라 결과가 달라진다. 그 특징이 반드시 최고일 필요도 없다.

제품의 품질이 좋아야 하지만, 좋은 품질이 성공을 보장하는 것은 아니다. 말하자면, 실제적인 차이가 눈에 띌 수는 있어도, 성패를 좌우하는 것은 인식의 차이이다. 어쩌면 그래서 차별화가 어려우면서도 재미있는 게임인지도 모른다.

나만의 '무엇'을 만드는 차별화 로드맵

TV에서 창업지원 프로그램을 보고 있었다. 창업자금을 지원받기 위해 부지런히 사업 아이템을 설명하던 예비 창업자에게 심사위원이 물었다. "그러니까 남들보다 잘하는 게 뭐죠?" 그는 마치 기다렸다는 듯 자신만만하면서도 절박한 얼굴로 "저는 무슨 일이든 누구보다 잘할 수 있습니다!"라고 외쳤다. 하지만 대답을 들은 심사위원들은 오히려 다소 냉소적으로 변하더니 구체적으로 누구보다 무엇을 잘한다는 것인지 거듭 물었다. 프로그램을 끝까지 보지는 않았지만 나는 결말이 궁금하지는 않았다.

차별성을 인식시키려면 무조건 다르다고 외칠 게 아니라, '무엇과 비교하여' 다른지 그 기준을 정해야 한다. 이 책의 1부에서 말하는 'POP-POD'가 바로 그것이다. POP는 인식의 유사점(Point of Parity)이고, POD는 인식의 차별점(Point of Difference)이다. 차별화는 기존의 선도 브랜드와 어떤 점이 비슷하고(POP), 어떤 점이 다른지(POD)를 보여주는 데서 시작된다. 로모의 예를 보자. 로모는 사람들이 이미 갖고 있는 카메라에 대한 인식(POP)을 토대로, 자기만의 차별점(POD)을 기발하게 어필했다.

익숙한 것에 새로운 다른 것을 들이댈 때, 다름이 더 두드러져 보인다. 이것이 차별점을 인식시키는 원리다.

이 원리를 이해했다면 이제 본격적인 차별화 과정에 발을 들인 셈이다. 2부에서는 실제적인 차이의 근간이 되는 핵심 역량에 대해 이야기한다. 기업은 가격, 가성비, 기능, 품질, 명성의 다섯 가지 중에서 하나를 선택해 차별화의 동력으로 삼아야 한다. 이를테면 카메라 시장에서 가격이 저렴한 중국산 카메라는 '가격'으로 승부하고, 아직 품질을 충분히 인정받지 못한 삼성 카메라는 가격 대비 가치, 즉 '가성비'로, 캐논은 '품질'로, 라이카는 전설적인 '명성'을 경쟁력의 밑바탕으로 삼는다. 이에 비해 로모는 독특한 '기능'에 승부를 거는 셈이다.

하지만 앞에서 얘기한 것처럼, 차별화는 '실제적인 차이'에 못지않게, '인식상의 차이'도 중요하다. 실제적인 차이를 겉으로 드러내는 기업은 하수다. 다시 말해, 가격이 싸다거나 가성비가 높다거나 기능을 내세우거나 품질을 자화자찬하거나 명성으로 버티려 해서는, 머지않아 더 싼 가격이나 더 높은 가성비, 더 좋은 기능, 더 나은 품질, 더 큰 명성을 내세우는 경쟁자에게 발목을 잡히게 된다.

실질적인 차이는 '보이지 않는 뿌리'가 되어 드러내지 않되, 그 위에 색깔을 입혀야 한다. 그것이 인식상의 차별화다. 즉 우리는 소비자의 머릿속에 왜 이 브랜드를 사야 하는지 이유와 명분을 '커뮤니케이션'해줘야 한다. 3부에서는 차별점을 독특함으로 인식시키기 위한 아홉 가지 커뮤니케이션 방안을 'F.O.B.(First, Only, Best)'로 정리해 설명한다.

가령 로모는 소비자들에게 기능 자체로 다가가기보다 '소비자로 하여금 생산과정에 동참한다는 인식을 심어라'라는 커뮤니케이션 룰을 따름으로써, 소비자에게 세상에 단 하나밖에 없는 (Only) 경험을 선사하고 있다. 셔터만 누르면 자동으로 모든 것이 해결되는 카메라가 아니라, 필름을 끼워 넣는 것부터 조리개, 노출시간 등을 일일이 조절해야 하기에 내가 직접 공들여 사진을 만든다는 느낌이 든다. 찍을 때마다 다르게 나오는 사진 역시 늘 예상치 못한 즐거움을 안겨준다. 이것이 로모의 차별화 방향이다. 중요한 포인트는 2부에서 설명하는 실제적인 차이에 3부에서 설명하는 인식상의 차이를 얹어, 복선을 깔아주어야만 차별화가 완성된다는 점이다.

우리의 머릿속에는 수많은 제품의 카테고리들이 밤하늘의 별처럼 반짝이고 있다. 그중에는 '화장품'이라는 별도 있고, '카메라'라는 별도 있다. 차별화는 마치 인공위성처럼 자신의 브랜드를 각 별의 궤도에 올리고 그것을 유지하는 작업과 같다. 가령 '초저가 화장품'이라는 별에는 미샤가 처음으로 궤도에 올랐는데, 더페이스샵이 곧장 쫓아왔다. '카메라'라는 별에는 니콘, 캐논 등이 있지만 로모가 독특한 기능으로 자기만의 궤도를 그리고 있다. 안타깝지만 차별점을 성공적으로 인식시키지 못한 브랜드들은 궤도에 오르지 못하거나, 혹여 올랐다 해도 오래지 않아 추락할 수밖에 없다. 그러므로 4부에서는 차별화의 궁극적인 목표인 궤도 유지의 방법을 살펴볼 것이다.

끝으로 5부에서는 차별화가 제대로 진행되었는지 스스로 점검할 수 있도록 차별화의 필수요건인 3D를 설명할 것이다. 즉 소비자가 당신의 차별화를 바람직하다고(Desirable) 느끼는지, 그 차별화를 정말 독특한(Distinctive) 차이로 인식하는지, 마지막으로 그 차별화가 지속 가능(Durable)하도록 새로움을 창출하는 것인지를 매순간 점검해야 한다. 이는 2, 3, 4부에서 다루는 주제를 순서대로 점검하는 것이기도 하다. 차별화에 성공한 모든 브랜드는 '3D'를 만족시키고 있다.

이 책은 차별화의 중요성과 개념뿐 아니라, 브랜드가 성공적으로 궤도에 오르기까지의 대장정을 단계별 로드맵으로 제시하려는 것이다. 책을 읽어가다 보면, 차별화가 단순히 '튀는 아이디어'가 아니라 치밀한 '논리적 과정'임을 깨닫게 될 것이다. 이 점을 깨달았다면 '차별화를 위한 차별화'에 매몰돼 특이한 것만 쫓는 브레인스토밍을 멈추고, 경쟁적 우위를 점하는 차별화 전략을 모색할 준비를 단계별로 갖추어야 할 것이다.

'다름'을
익숙함에 엎어라

1

메이지 대학교의 교수이자 지식과 실용을 결합한 저작 스타일로 각광받는 베스트셀러 저자 사이토 다카시는 그의 명저 《세계사를 움직이는 다섯 가지 힘》에서, 결국 세상을 움직이는 본질적 힘은 '차이를 만들어내 차별화하는 것으로 가치를 창조하려는' 데서 나온다고 규정했다.

그것이 자본주의 · 사회주의 · 봉건주의 같은 거대 시스템이 되었든, 기독교 · 불교 · 이슬람교와 같은 종교가 되었든, 다빈치 · 피카소 · 앤디 워홀이 창출한 예술 장르가 되었든, 코카콜라 · 스타벅스 · 애플과 같은 브랜드가 되었든, 끊임없이 '다름'을 추구하려는 인간의 욕구가 세계사를 움직이는 원천이 되었다는 것이다.

그러한 변화가 우연적 돌연변이처럼 나타나는 것은 아니다. 무언가에 근거하여 생긴다. 19세기 이후 미술의 변천사만 봐도 사실적 묘사에 근거해서 인상파가 생겼고, 이후 야수파, 입체파, 추상파로 변화되었다. 옳고 그름을 떠나 모두 기존의 기법이나 관점과는 다른 새로운 시도를 한 결과들이다. 헤겔의 변증법적 구조를 들추지 않더라도, 세상의 변화는 하나의 주장인 정正과 다른 주장인 반反이 조화를 이루는 합合으로 통합되며 끊임없이 '다름'을 만들어간다.

마케팅에서도 마찬가지다. 마케팅의 성패를 좌우하는 것은 우주를 뒤바꿀 만큼 어마어마한 기술이 아니라 기존 제품들과의 조그마한 '다름'의 시도다. 그런데 우리 브랜드의 제품이 '다르다'는 것을 보여주려면, 무조건 다르다고 주장할 것이 아니라 어떤 브랜드와 어떤 점에서 각^角을 세울지 전략적으로 곰곰이 생각해보아야 한다. 1부는 그에 관한 이야기다.

구매를 결정하는
방아쇠는 무엇인가

〈디지털 카메라 월드(Digital Camera World)〉라는 잡지의 2014년 5월호 기사에 의하면, '세계에서 가장 빠른 오토 포커스'라는 기능을 자처하는 미러리스 카메라가 13분마다 하나씩 새로 나온단다. 이 책을 읽고 있는 순간에도 자동차에서 음료수에 이르기까지 엇비슷한 제품들이 무수히 쏟아져 나오고 있을 것이다. 치열한 경쟁에서 살아남으려면 기존의 제품과 달라야 하기에, 차별화가 곧 생존전략이라는 데는 누구도 이견이 없으리라.

그런데 재미있는 점은, 선택의 폭은 늘어날지 몰라도 '의미 있는' 차이는 점점 줄어들고 있다는 사실이다. 하버드 대학의 문영미 교수는 많은 기업들이 의미 있는 차별화를 외치지만, 실제로는 제품과 서비스가 점점 비슷해지고 있다는 뜨끔한 지적을 한

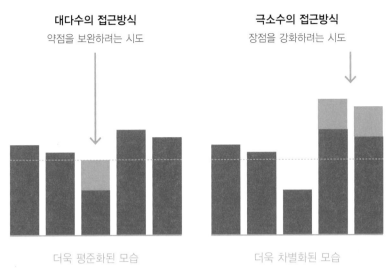

대다수의 접근방식
약점을 보완하려는 시도

극소수의 접근방식
장점을 강화하려는 시도

더욱 평준화된 모습

더욱 차별화된 모습

〈《디퍼런트》 책에서 문영미 교수의 주장〉

다. 그의 책 《디퍼런트》를 보면, '안전성'을 끈질기게 주장해온 볼보는 10년 전부터 '스포티함'을 첨가해왔고, 아우디는 '스포티함'의 대명사처럼 알려졌음에도 오늘날 '안전성' 테스트에서 볼보를 앞질렀다고 주장한다고 한다. 또한 '야성적'인 이미지로 한 시대를 풍미한 지프와 '신뢰성'을 인정받은 닛산도, 이제는 그 두 요소를 모두 포괄하고 있다. 그 결과는? 모든 자동차가 신뢰성, 안전성, 연비 등에서 뚜렷하게 내세울 게 없어졌다. 경쟁사보다 부족한 점을 채우는 과정에서 엇비슷하게 평준화된 것이다. 문영미 교수는 이러한 경향이 거의 모든 제품에서 만연하고 있다며 다음과 같이 말한다.

"진정한 차별화, 즉 지속 가능한 차별화는 이러한 평준화와 정반대의 길로 나아갈 때 비로소 가능하다. 차별화란 불균형의 상황을 더욱 불균형하게 만드는 과정에서 얻어지는 것이다."

앞의 그림에서 보듯이, 많은 제품들이 '차별화'라는 이유로 자꾸 약점을 보강하는 데 치중한 나머지, 자기만의 강점을 살리지 못하고 특징 없는 제품이 되고 만다는 주장이다.

일단 최소량의 법칙을 충족시켜라

하지만 약점을 보완하려는 시도가 지나친 평준화를 낳는 것처럼, 장점을 강화하려는 시도 역시 함정에 빠지기 쉽다. 장점을 강화해서 더욱 '차별화'를 꾀하는 것도 좋지만, 결정적인 단점이 보완되지 않은 채 그대로 남아 있다면 어떻게 될까? 아무리 장점이 커도 제품의 전반적인 수준은 낮아질 수밖에 없다. 오른쪽의 그림을 하나 더 보자.

이 그림은 독일의 식물학자 유스투스 폰 리비히Justus von Liebig가 제창한 '최소량의 법칙(Liebig's Law of Minimum)'을 설명한다. 식물이 자라는 데는 탄소, 수소, 질소, 인, 황, 칼륨, 칼슘, 마그네슘, 철분 등 10여 가지 원소가 반드시 필요하다. 만약 하나라도 없거나 부족하면 다른 원소가 아무리 많아도 식물이 정상적으로 자랄 수 없다. 즉 식물의 성장은 결핍된 원소 양에 의해 제한되며, 이 원소를 공급해주어야만 계속 자란다. 리비히는 이를 기다란 나무판자를 붙여서 만든 물통에 빗대어 설명했다. 통에 물을 채울 때 아무리 다른 판자들이 높아도 판자 하나가 짧으면 그곳으로 물이 새나가고 만다. 생장은 자원(영양)의 총량이 아니라 '최소량의 요소'에 의해 결정된다.

〈리비히의 '최소량의 법칙'〉

제품 역시 마찬가지가 아닐까. 장점을 강화하기 위해 무언가를 희생한다면, 제품의 수준은 그 부족한 부분에 의해 결정된다. 가령 신뢰성, 안전성, 연비 등이 일정 수준에 달한다 해도, 이음새나 마무리가 불완전하거나 재질이 좋지 않다면 그 제품의 수준은 떨어져 보인다. 최소량의 수위가 곧 사람들이 인식하는 그 제품의 품질수준이다. 따라서 일단 최소량의 수위를 골고루 맞추되(구매의 필요조건), 무엇을 플러스알파(구매의 충분조건)로 할 것인지 고민해야 한다.

한국에서는 이러한 조화가 더욱 중요하다. 외국과 한국을 오가며 오랫동안 사업을 해온 어떤 여성 경영자의 말을 들어보자. "외국은 '싸다' 그러면 조금은 불편해도 싸기 때문에 용납이 돼요. 하지만 우리나라에서는 여러 요소들이 조금 더 버무려져야 해요. 예를 들어 외국에서 월마트 같은 할인점은 싸기 때문에 불편한 점이 그냥 다 받아들여지거든요. 그런데 우리나라에서는 디자인이나 서비스, 편의시설 등이 백화점 수준은 아니더라도 골고루 적절히 갖춰져 있어야 해요. 또 외국에서는 품질이 매우 뛰어나면 가격을 아주 비싸게 받아도 그런가 보다 하지만, 우리나라에서 그렇게 하면 욕먹어요. 외국은 논리대로 움직이지만, 우리는 논리대로만 마케팅하면 금세 비판에 직면하죠."

우리가 실제로 그런가 잠시 생각해보자. 친구와 함께 새로 생긴 맥줏집에 갔다고 치자. 어떤 기준으로 그 맥줏집을 평가할 것인가?

- 안주가 맛있는가?
- 맥주 종류가 다양한가?
- 인테리어는 멋진가?
- 다른 곳만큼 친절한가?
- 가격이 저렴한가?
- 주차가 편한가?

우리 경험을 떠올려보자. 안주 맛이나 술의 종류, 인테리어나 친절도, 가격이나 주차 등에서 어느 한 가지가 크게 실망스러우면 그곳에 다시 갈 가능성은 꽤 낮아진다. 말하자면 '최소량의 법칙'을 일단 만족시켜야 한다. 그런 다음에 그 술집을 찾아야 할 다른 요소가 있어야 다시 가게 된다.

다른 조건들이 유사하다면, 다시 말해 최소량의 법칙이 충족된다면, 그 후에 사람들은 '작은 차이'로 쉽사리 결정을 내리곤 한다. 친구에게 어느 맥줏집에 가자고 했을 때 "왜 그 집에 가자는 건데?"라고 친구가 묻는다면, "다른 곳에는 없는 안주가 있잖아", "사장님 서비스가 각별하거든" 등의 대답을 할 것이다. 이러한 답변은 일종의 방아쇠 역할을 한다. 놀랍게도 사람들이 무언가를 택하는 이유는 대부분 아주 사소한 데 있다.

놀랍게도 사람들은 대부분,
아주 사소한 근거로 의사결정을 한다.

'조금만' 달라도 시장을 지배할 수 있다

유전자 염색체인 DNA 게놈의 구조를 보면, 말과 당나귀는 3.1%의 차이가 난다고 한다. 96.9%는 동일한 구조라는 얘기다. 인간과 고릴라의 차이는 더욱 작아서 2.3%밖에 안 되며, 인간과 침팬지의 차이는 불과 1.5%라고 한다. 아닌 게 아니라 동물원에 앉아 있는 침팬지가 수염을 기른 할아버지처럼 보여서 섬뜩 놀란 기억이 있다.

그렇다면 여자와 남자는 어떨까? 놀랍게도 그 차이가 0.1%밖에 안 된다. 여자와 남자는 손가락 모양에서부터 심장의 형태와 소화기관, 직립보행을 하는 면까지 본질적으로 동일하다. 그런데 0.1%도 안 되는 아주 작은 DNA의 차이가 여자와 남자를 매우 달라 보이게 하는 것이다. 아주 작은 차이지만, 일상에서 남자와 여자를 구별하지 못해서 곤란한 일은 거의 없다.

제품도 마찬가지다. 오늘날 기술적으로 큰 차이가 나는 제품을 찾아보기란 쉽지 않다. 웬만한 TV나 휴대폰의 품질은 일정한 수준에 올라 있고 성능도 비슷비슷하다. 이 와중에 차별화를 하려니 쉽지 않은 것이다. 그런데 단 0.1%의 DNA 차이 때문에 남녀가 확연히 달라 보이듯이, 브랜드 간 '작은' 차이를 어떻게 '두드러진' 특징으로 인식시키느냐가 관건이다. 모두가 비슷한 출발선에 서 있다면, 그 작은 차이를 얼마나 효과적으로 인식시키느냐에 따라 결과가 확연히 달라진다.

광고대행사 Lee & DDB의 대표였던 이용찬 씨는 오리온 초코파이의 '정▓' 캠페인을 만든 실력자로 알려져 있는데, 그가 모 이동통신회사의 광고를 만들 때 겪은 유명한 일화가 있다. 그 통신회사의 마케팅 상무가 콧대가 세고 의욕이 넘치는 사람이어서 대행사로서는 아주 까다로운 상대였던 모양이다. 이용찬 대표가 제품의 여러 차별점 중 한 가지만 부각시키면 어떻겠느냐고 제안하자, 아니나 다를까 그는 매우 상기된 표정으로 "아니, 우리 서비스의 좋은 점이 얼마나 많은데 왜 하나만 얘기한다는 겁니까?"라고 반박했다. 그러나 이용찬 대표는 조금도 당황하지 않고 이렇게 대응했다.

"예, 상무님. 정말 장점이 많은 서비스라는 건, 저도 잘 알고 있습니다. 그런데 광고 이야기는 잠깐 접겠습니다. 제가 듣기에 상무님이 테니스를 무척 좋아하신다고 해서 좋은 공을 준비해왔는데, 하나 드려도 될까요?" 하면서, 상무에게 테니스공을 하나 던졌다. 상무는 오른손으로 쉽게 공을 잡았다. 그러자 이 대표는 "역시 상무님은 운동신경이 아주 좋으시네요. 하나 더 드려도 되지요?" 하며 두 번째 공을 던졌다. 상무는 왼손으로 가볍게 그

공을 잡았다. 이에 그치지 않고 이 대표는 "잘 잡으셨습니다. 하나 더 드리고 싶습니다" 하며 세 번째 공을 던졌다. 상무는 공을 쥔 두 손으로 세 번째 공도 잡았다. 이 대표는 "대단하십니다. 하나 더 드리겠습니다" 하면서 네 번째 공을 던졌고, 상무는 그 공을 잡느라 손에 들고 있던 다른 공 하나를 떨어뜨렸다. 이 대표가 마지막으로 "기왕 드린 김에 하나 더 드리겠습니다" 하면서 다섯 번째 공을 던지자, 상무는 그걸 잡겠다고 손을 뻗다가 들고 있던 공을 전부 놓치고 말았다. 이 대표는 그 모습을 보고 빙그레 웃으며 상무에게 이렇게 물었다고 한다. "상무님, 장점 한 가지만 강조할까요, 아니면 다섯 가지 다 주장할까요?"

죽도록 노력해서 좋은 제품을 만들었을 테니, 기업은 얼마나 하고 싶은 말이 많겠는가. 아마 한두 가지가 아닐 것이다. 그러나 아무리 안타까워도 한 가지만 말해야 한다. 브랜드의 가장 큰 강점을 지속적으로 전달해야 소비자에게 쏙쏙 꽂힌다.

볼보는 지난 수십 년 동안 '안전성' 하나만을 꾸준히 임팩트 있게 전달한 덕분에 도태되지 않고 살아남았다. 물론 안전성 외에 내구성이나 서비스, 낮은 고장률 등 강조하고 싶은 것이 한두 가지가 아니었을 것이다. 그러나 그런 점들은 '최소량의 법칙'을 충족시킬 정도면 충분했다. 세계 최고의 물류업체인 페덱스도 우편배달의 신뢰성이나 우수한 서비스, 낮은 분실률 등을 강조할 수 있었겠지만, 다른 건 최소량의 법칙에 맡기고 '다음 날 아침까지 배달 보장(guaranteed overnight delivery)'만을 내세우지 않았던가.

세계 최대의 온라인 서점 겸 쇼핑몰인 아마존닷컴의 2014년 매출은 무려 890억 달러로 이베이의 2배이며, 구글(660억 달러)보다도 많다. 창업자인 제프 베조스의 개인 자산도 290억 달러나 된다고 한다. 그는 수많은 경쟁자들을 제치고 그렇게 앞서간 비결을 묻자 "경쟁사보다 10배 성장하길 원한다면, 10%만 달리하면 됩니다"라고 말했다.

이 책은 바로 그 10%를 다르게 하는 방법에 대한 것이다. 잊지 말라, 결국은 브랜드 간의 작은 차이가 매출의 큰 차이를 낳는다는 사실을. 출발선에서 5도만 각도를 틀어도 도착 지점은 100km의 차이가 나는 전혀 다른 결과를 낳는다. 조금만 달라도 시장을 지배할 수 있다.

누구를 비교상대로
삼을 것인가

외국 영화를 보고 있으면 가끔 등장인물을 구별하기 어려울 때가 있다. 특히 시작부터 여러 사람이 나올 때면 한참이 지난 다음에도 영화의 줄거리가 헷갈리곤 한다. 우리가 서양 사람의 얼굴을 잘 구별하지 못하기 때문이다. 흑인의 얼굴은 더더욱 그렇다. 반대로 백인이나 흑인은 동양인의 얼굴이 비슷비슷해서 구별하기 어렵다고 말한다. 자기들끼리는 잘 알아보는데, 다른 인종은 그렇지 못한 이유가 무엇일까? 바로 '템플레이트template' 가 없기 때문이다.

사람들은 어려서부터 자주 봐온 사람들에 대해 템플레이트, 즉 '전형적인 형태(또는 형판_{型板})'를 갖고 있다. 그래서 우리가 누군가 낯선 한국 사람을 만나도, 템플레이트와의 차이점만을 파악하고 인식하므로 어렵지 않게 기억이 된다. 하지만 동양인은 상대적으로 백인이나 흑인을 볼 기회가 적기에 그들에 대한 템플레이트를 갖기 어렵다. 그런 상태에서 그들의 얼굴을 구별하려면 많은 정보를 추가로 인식해야 하므로 그 차이를 쉽게 구별하지 못하는 것이다.

왜 우리는 흑인들의 얼굴을 구별하지 못할까

사람의 얼굴만이 아니다. 친구 아들 중에 한국에서 태어났지만 중학교 때부터 프랑스에서 학교를 다닌 젊은 친구가 있다. 그는 대학교 2학년 때 프랑스 부르고뉴의 디종Dijon 지방에 사는 이탈리아계 여성과 사귀었다. 이탈리아 사람들은 가족을 매우 중시해서, 연애할 때도 마치 가족의 일원처럼 대접받으면서 여자친구의 집에 자주 놀러갔던 모양이다. 마침 여자친구의 가족은 부르고뉴에 작은 포도밭을 갖고 있었는데, 그들은 자존심이 강해서 다른 지방의 와인은 거들떠보지도, 입에 대지도 않았다고 한다. 여자친구 덕분에 약 3년 동안 부르고뉴 와인만 마셔온 그 젊은이는, 나중에 다른 지방의 와인을 마시면 쉽게 맛을 구별할 수 있게 되었다고 한다. 막연하게 맛이 다르다고 감지하는 수준이 아니라, 향기와 여운, 밸런스, 색의 차이까지 확연하게 알 수 있었다. 부르고뉴 와인에 대한 템플레이트가 형성됐기 때문이다.

와인을 배운답시고 이 와인, 저 와인 찔끔찔끔 마셔가며 맛을 비교하는 방식으로는 와인 맛 구별법을 익힐 수 없다는 것이 그의 지론이다. 한 가지 와인을 꾸준히 마셔봐야 '맛의 템플레이트'가 생겨서 다른 와인과 구별할 수 있다는 것이다.

나는 그의 이야기를 들으면서 '김치'를 떠올렸다. 우리 한국인에게는 각자에게 익숙한 김치 맛이 있다. 그러니까 사람마다 '김치' 하면 떠오르는 템플레이트가 있기에, 다른 김치 맛을 시원하네, 텁텁하네 등으로 금세 구별하는 것이다.

사람들은 주변의 사물에 대해서도 각자의 템플레이트를 갖고 있다. 가령 '청량음료는 이런 맛'이라든지, '스마트폰은 이런 것'이라는 자기 나름대로의 다양한 형판이다. 치약, 햄버거, 카메라, 자동차에 대해서도 각 카테고리의 대표적 이미지를 가지고 있다.

전문가의 판단도 마찬가지다. 예를 들어 DSLR 카메라에 조금이라도 전문적인 관심이 있는 사람은 캐논 5D 카메라와 50mm 표준렌즈가 찍을 수 있는 조건에 대해 잘 알고 있다. 그래서 다른 브랜드나 새로운 카메라 또는 렌즈를 살 때 그 기준으로 판단한다. 가령 카메라의 화소 수나 렌즈의 화각 및 밝기 정도로 가격을 판단할 때, 캐논 5D와 50mm 렌즈가 기준(anchor)이 되는 것이다. 이 말은 곧 소비자의 머릿속에 내 제품과 관련된 템플레이트가 있다면 차별화를 꾀하기가 훨씬 쉽다는 뜻이다. 따라서 내 제품의 차별점을 인식시

내 제품의 차별점을 인식시키려면, 사람들이 가지고 있는 템플레이트(기존의 관념과 지식)를 잘 활용해야 한다.

키려면, 사람들이 가지고 있는 템플레이트를 잘 활용해야 한다.

비교를 잘해야 차별점이 두드러진다

지금이야 서울이 세계적으로 잘 알려져 있지만, 과거에 내가 미국에서 공부하던 시절에는 외국 친구들이 서울에 대해 아는 것이 거의 없었다. 그들로부터 서울은 어떤 곳이냐는 질문을 심심치 않게 받았는데, 한국에 와본 적이 없는 친구에게, 그것도 1980년대에 서울을 한마디로 설명하기란 난감했다. 조선시대로 거슬러 올라가서 설명할 수도 없고, 지리적 위치를 말하는 것만으로는 뭔가 부족한 느낌이 들었다. 그래서 고심 끝에 '도쿄 같은 곳인데 더 활기찬 도시'라고 대답했는데, 의외로 잘 알아들어서 유용하게 써먹곤 했다.

도쿄가 서울보다 널리 알려졌기 때문에 대부분의 외국인들은 도쿄에 대한 템플레이트를 갖고 있다. 아마도 '이국적인 아시아의 도시'라는 이미지일 것이다. 즉 '이국적인 아시아 도시'라는 카테고리의 리더는 도쿄다. '도쿄 같은 곳'이라는 설명은 일단 그 이미지와의 유사점(POP: Point Of Parity)을 활용하는 방식이다. 그다음에는 차별점(POD: Point Of Difference)을 얘기한다. '더 활기차다'가 바로 그것이다. "도쿄 사람들은 밤 11시가 되면 집에 들어가지만, 서울 사람들은 그 시간이면 집 밖으로 나오기 때문에 불야성을 이룬다"라고 농담처럼 건네면 눈이 동그래지며 금세 알아듣는다. '도쿄 같은 곳인데 더 활기찬 도시'라는 간단한

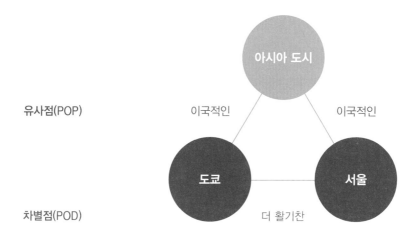

유사점(POP)

이국적인   이국적인

차별점(POD)

더 활기찬

〈서울의 특징을 효과적으로 설명하기〉

문장으로 서울을 쉽게 이해시킬 수 있는 것이다. 도쿄에 대한 이미지를 이용해서 서울을 부각하는 방법이다.

고객을 향해 "우리 제품은 다르다니까요!"라고 백날 외쳐 봐야 좀처럼 설득되지 않는다. 이때 POP와 POD는 사람들의 인식을 활용하는 차별화의 기본 원리가 된다. 이를 가장 잘 활용한 것이 바로 '밀러'다.

1970년대 미국의 맥주시장은 버드와이저가 고지를 장악하고 있었다. 즉 '맛있는 맥주'라는 카테고리의 리더는 버드와이저였다. 경쟁사인 밀러는 '저칼로리 맥주'라는 새로운 카테고리를 개발했으나, 이를 알릴 방법을 찾지 못해 고심하고 있었다. 이때 POP-POD 개념을 적용해 내놓은 슬로건이 밀러라이트

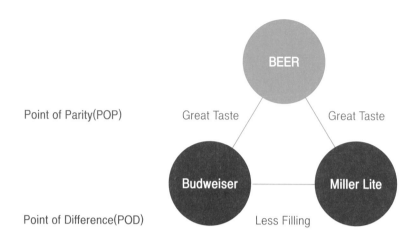

Point of Parity(POP)

Point of Difference(POD)

〈낯선 신제품, 밀러 라이트를 효과적으로 알리기〉

의 그 유명한 "최고의 맛이면서 포만감은 덜해요(Great Taste. Less Filling)"이다. 칼로리가 적은 맥주는 맛이 없을 거라는 사람들의 선입견을 깨기 위해, 버드와이저처럼 맛을 강조하면서도(Great Taste: POP), 탄수화물이 적어 배가 덜 부르다는 점(Less Filling: POD)을 내세움으로써 소비자들의 뇌리에 쉽게 파고들었다.

우리나라의 '비타500'도 유사한 전략으로 성공한 케이스다. 비타500이 처음 나왔을 때를 기억하는가? 비타500은 '비타민'이나 '청량음료'라는 카테고리로 포지셔닝할 수 있었지만, 그들은 '피로회복을 돕는 강장제' 쪽을 택했다. 그 카테고리의 리더는 부동의 1위를 지키던 박카스였다. 비타500과 박카스는 언뜻 유사성을 찾기 힘들지만, 잘 보면 비타500의 병 모양과 로고가 박카스와 유사(POP)하다.

하지만 중장년의 남성이 아니라 '소녀시대'라는 젊은 여성 모델을 기용함으로써 타깃의 차이(POD)를 명쾌하게 보여주었다. 또한 약국이 아닌 일반 슈퍼마켓에서도 판매하여, 누가 어디서 왜 사먹는지를 분명히 알리는 데 성공했다. 만약 비타500을 비타

밀러는 '라이트 맥주'라는
생소한 개념의 신제품을 말 한마디로
어떻게 성공시켰을까?

민 약품으로 포지셔닝했다면 지금처럼 성공할 수 있었을까.

몇 년 전에 스타벅스가 처음 내놓은 음료 중에 프라푸치노 Frappuccino가 있었다. 다소 생경한 이름이어서 뭐냐고 물으니, 점원이 "일종의 아이스커피예요(POP). 그런데 얼음을 갈아 넣어서 더 시원하고, 아이스크림이 더해져서 커피 향이 부드럽게 느껴져요(POD)"라고 설명해주었다. 누구나 알고 있는 '아이스커피'라는 카테고리를 십분 활용해서 제품의 특성을 알린 것이다.

이러한 원리는 새로운 컨셉의 브랜드를 런칭하는 핵심 전략이 된다. 2000년 여성 포털 사이트 뷰티넷을 통해 테스트 마케팅을 시작한 에이블씨앤씨는, 2002년에 3,300원짜리 화장품을 파는 미샤를 선보이며 '초저가 화장품'이라는 새로운 제품 카테고리를 만들었다. 그러자 더페이스샵이 여기에 뛰어든다. 더페이스샵은 미샤와 같은 초저가 화장품(POP)을 표방하되, 여기에 자연주의

비타500의 병 모양은 박카스와 유사해 보인다. 우연일까?

(POD)라는 차별점을 더해 시장에 안착한다.

더페이스샵은 POP-POD 전략을 이중으로 활용했는데, 또 다른 상대는 바로 더바디샵이다. 상표도 더바디샵The Body Shop과 비슷하게 더페이스샵The Face Shop으로 짓고, 바디샵과 같은 자연주의 화장품 카테고리(POP)를 표방하면서 가격은 절반 이하로 낮춰서 저가 화장품(POD)이라고 주장한 것이다. 즉 더페이스샵은 미샤의 초저가라는 매력과 더바디샵의 자연주의라는 장점을 잘 접목한 케이스다.

사람들은 분류하기를 좋아한다

앞에서도 말했듯이, 우리는 흔히 '차별화'라고 하면 먼저 남과 달라야 한다는 데만 신경을 쓴다. 그러나 도대체 '누구'와 차별화할 것인가? 이것을 먼저 정하지 않으면 차별화 전략은 길을 잃고 우왕좌왕 헤매기 쉽다.

인식의 관점에서 보면, 새로운 제품과 서비스를 만들기 전에 비교가 되는 대표 카테고리, 즉 누구의 등을 밟고 올라설지를 정하는 것이 더 중요하다. 소비자에게 마켓 리더와의 유사점(POP)을 내세워 제품이 속한 카테고리를 알린 후에 차이점(POD)을 인식시키는 것이다.

이런 의문이 들 수도 있다. '반드시 카테고리 리더를 이용해야 하나?', '꼭 POP를 찾아야만 할까?', '이 제품이 어떤 카테고리에 속해 있는지를 꼭 알려야 할까?'

이는 인간 두뇌의 정보처리 과정을 알면 한층 이해하기 쉽다. 우리 머릿속에는 마치 한약방의 약재함처럼 많은 분류함(심리학 용어로는 '빈^{bin}'이라 부른다)이 존재한다. 그래서 정보가 입력되면 비슷한 것들끼리 묶어 저장하려는 심리가 발동된다. 이를 유목화(類目化, categorization) 성향이라 하는데, 인간의 본능이기도 하지만 어려서부터 끊임없이 유목화 교육을 받아서 더욱 강화된 측면도 있다.

우리의 머릿속에 장미는 식물로, 돼지는 동물로 분류되어 있다. 고래는 물에서 살지만 새끼를 낳으므로 어류가 아니라 포유

류라는 식의 분류 훈련을 받는다. 학자들은 식물을 나무(목본^木^本)나 풀(초본^{草本})로 구분하거나, 약용·식용처럼 유용성을 토대로 구분하기도 하며, 꽃·열매·종자의 모양과 특징에 따라 나누기도 한다. 유목화는 유사점과 차이점을 통해 모든 사물을 인식하는 원리이고, 이를 통해 사물의 특징을 쉽게 설명할 수 있다. POP와 POD를 이용한 차별성 드러내기는 바로 이 유목화 원리를 토대로 한 것이다.

혹시 'OB사운드'라는 맥주를 기억하는가? 술은 꼭 취하려고 마시는 게 아니라, 사람들을 사귀거나 관계를 유지하는 데도 중요한 역할을 한다. 하지만 원래 술이 약한 사람도 있고, 운전 때문에 음주를 삼가야 할 때도 있다. 그래서 등장한 것이 저^低알코올 맥주, OB사운드다. 거품과 향으로 술을 마시는 기분은 낼 수 있지만, 주류에 포함되지 않는 알코올 함량 0.7%의 맥주다.

그런데 취하지 않으면서 즐기는 술이라는 새로운 컨셉으로 야심차게 맥주시장에 뛰어든 OB사운드는, 아쉽게도 판매 부진으로 2007년에 생산이 중단되고 말았다. 기능을 보면 사회생활에 꼭 필요한 맥주인데, 왜 시장에서 받아들여지지 않았을까? 바로 뚜렷한 카테고리를 설정하지 못한 탓에 사람들의 머릿속에 자리 잡지 못했기 때문이다. 우리의 두뇌는 정보가 제대로 분류되지 않으면, 아무 분류함에나 보관하는 것이 아니라 아예 두뇌에서 퇴출시켜 버린다. OB사운드는 카테고리를 제대로 정하지 못해서 사람들의 인식에 자리 잡는 데 실패하고 말았다.

OB사운드처럼 카테고리의 선도 브랜드가 아직 없는 신제품을 런칭할 때는, 사람들에게 가장 익숙한 기존의 제품을 POP로 삼았어야 한다. 예컨대 애플이 아이팟을 내놓았을 당시 MP3플레이어 카테고리에는 누구나 알 만한 뚜렷한 브랜드가 없었다. (아이리버가 있었지만 카테고리 리더라 할 만큼 세계적인 인지도가 높지는 않았다.) 그래서 '갖고 다니면서 음악을 들을 수 있는' 제품들 중에서 가장 잘 알려진 소니의 워크맨을 POP로 삼았다. 반면 OB사운드는 POP를 제대로 잡지 못해 맥주와 맥주맛 음료, 어느 쪽으로도 각인되지 못한 것이다.

어떤 제품을 POP로 내세울 것인가는 달리 표현하면 소비자의 마음속에 어떻게 포지셔닝할 것인가의 문제이기도 하다. POP가 곧 내 제품을 소비자에게 인식시키는 닻이 되기 때문이다. 스마트폰을 휴대폰 기능에 컴퓨터 기능을 더한 것으로 포지셔닝하는 것과 컴퓨터 기능에 휴대폰 기능을 더한 것으로 포지셔닝하는 것은 전혀 다른 결과를 낳는다. 낭신의 제품은 과연 어떤 카테고리에 닻을 내릴 것인지 신중히 고민해볼 일이다.

어느 제품이라도 독특함을 인식시킬 수 있다

스티브 잡스는 새로운 제품이 나올 때마다 카리스마 넘치는 멋진 프레젠테이션으로 사람들을 매료시켰다. 그러나 그는 한 번도 신제품의 특징을 주저리주저리 늘어놓는 법이 없었다. 언제나 간략하고 임팩트 있는 말로 자신의 주장을 밝히곤 했는데,

그의 설명을 잘 들어보면 POP와 POD를 얼마나 잘 활용하고 있는지 알 수 있다. 그의 대표적인 프레젠테이션 몇 가지를 통해 스티브 잡스만의 차별화 포인트를 살펴보자.

1990년대에는 데스크톱 PC가 필수품이 되면서 집이든 사무실이든 저마다 책상 위에 PC를 한 대씩 갖추게 되었다. 지금이야 대부분 슬림한 LED 모니터를 쓰고 있지만, 당시 회색이나 베이지 컬러의 육중한 모니터가 놓인 책상 위 풍경은 사무실 전체를 매우 답답해 보이게 했다. 오랜 방랑 끝에 친정인 애플로 돌아온 잡스가 천재 디자이너 조너선 아이브를 만나 만든 것이 바로 아이맥iMac이었다. 절치부심하여 만든 새로운 PC이기에 많은 특징을 어필하고 싶었겠지만, 신제품을 소개하기 위해 무대에 오른 잡스는 이렇게만 말했다.

"이게 아이맥이라는 겁니다. 통째로 투명하지요.

여러분이 속을 들여다볼 수 있다니까요. 멋지지 않습니까.

This is iMac. The whole thing is translucent.

You can see into it. It's so cool."

그의 말을 좀 더 자세히 해석하면 다음과 같을 것이다.

유사점(POP) : 이 제품은 여러분이 잘 알고 있는 PC입니다. 이 아이맥 PC가 기존의 다른 PC들보다 성능이 더 뛰어나다는 건 따로 말씀드리지 않겠습니다. 신제품인데 당연히 그렇겠죠.

차이점(POD) : 당신 책상 위에 놓인 둔하게 생긴 컴퓨터가 눈에 거슬리지 않는다면 지금 그대로 지내셔도 좋습니다. 그런데 혹시 거슬린다면, 새로 나온 아이맥을 한번 보시죠. 투명해서 전혀 답답하지 않다니까요! 어때요? 느낌이 오지 않나요?

지금이야 레코드나 CD로 음악을 들을 기회가 좀처럼 없지만, 처음 MP3플레이어가 등장했을 때만 해도 이를 반긴 사람들은 그리 많지 않았다. 일단 LP나 카세트테이프, CD가 아닌, 형체 없는 음악을 다운받는다는 것이 내키지 않았다. 음질을 의심하는 이들도 있었고, 음반사들은 불법 다운로드에 대해 노심초사하는 상황이었다. 이 무렵, 잡스가 들고 나온 것이 바로 아이팟이다. 그는 아이팟을 이렇게 설명했다.

"이 작고 놀라운 기계에 노래 1,000곡이 들어갑니다.
그런데 요게 호주머니에 쏙 들어가네요.
This amazing little device holds a thousand songs
and it goes right in my pocket."

이 말을 다시 해석해보자.

유사점(POP) : 이 제품은 언제 어디서든 음악을 편리하게 들을 수 있는 소형 음악 재생기입니다. 물론 20여 곡을 넣고 들을 수 있는 워크맨도 있지만요.

차이점(POD) : 작동이 간편하면서도 멋진 이 기계에 훨씬 더 많은 곡을 담을 수 있어요. 그리고 주머니에 쏙 들어갈 만큼 작고요.

스마트폰 시대를 본격적으로 연 아이폰을 소개하는 프레젠테이션도 한번 보자. 그는 아이폰을 소개하면서 버튼 없는 자판이 어떻게 작동하는지, 인터넷 기능을 전화기에 심어서 무엇이 좋은지, 어떤 어플리케이션을 쓸 수 있는지 등을 구구하게 설명하며 혼란을 주지 않았다. 그는 기존의 아이팟 고객들이 아이폰을 쉽고 친숙하게 쓸 수 있다는 사실만을 강조했다.

"이건 일종의 아이팟이에요. 그런데 전화도 되고
인터넷도 되죠. 3개가 별도의 기계가 아니고, 하나의
기계입니다. 우리는 이것을 아이폰이라 부를 겁니다.
An iPod, a phone and an internet communicator.
These are not three separate devices. This is one device.
And we're calling it, iPhone."

그러고는 무려 4,000명의 청중 앞에서 스타벅스에 전화를 걸어 4,000잔의 커피를 장난 주문하는 여유까지 보였다. 그가 설명한 아이폰의 차별화에 대해 정리해보자.

유사점(POP) : 아이팟 써보셨죠? 아이팟과 모양이나 사용법이 비슷하고 물론 음악도 들을 수 있지요.

　차이점(POD) : 그런데 휴대폰처럼 전화도 되죠. 그뿐인가요? 언제 어디서든 인터넷에 접속할 수 있어요. 그런데 이 모든 기능이 이 기계 하나로 다 됩니다.

　스티브 잡스의 기술적 상상력이나 디자인 감각이 탁월한 것은 분명하다. 그렇다고 그가 만든 제품들이 반드시 더 편리하다고 볼 수는 없다. 아이맥은 더 널리 보급된 윈도우즈 기종과 원활하게 호환되지 않고, 아이팟에 음악을 다운받을 때 필요한 아이튠 즈는 정작 한국을 비롯해 다운로드가 되지 않는 나라도 많다. 아이폰의 화면과 자판은 다른 스마트폰보다 작아 글자 입력이 불편하다. 그가 만든 제품들은 전반적으로는 매력이 넘치지만, 따지고 보면 결함이 한두 가지가 아니다. 하지만 애플 제품들의 차별적 장점을 소비자들에게 임팩트 있게 인식시키는 그의 능력은 가히 천재적이었다.

멸종의 위기는 진화의 새로운 기회다

　생태계의 생물들이 살아남기 위해 환경에 적응하며 진화하듯이, 제품들도 살아남으려면 소비자의 기호에 맞추며 진화한다. 제품의 진화 과정이 자연계의 진화 원리와 유사하다는 것은 흥미로운 현상이다.

　서대문 자연사박물관 이정모 관장에 의하면, 생명 진화의 역사에서 지구에는 총 다섯 번의 대멸종이 있었다고 한다. 특히 2억 5,000만 년 전의 페름기-쥐라기 대멸종 때는 당시 모든 생명체의 95%가 사라졌다. 적자생존의 원칙에 의하면 강자_{强者}가 아니라 적자_{適者}가 살아남는다. 대멸종이란 끔찍한 사건이기도 하지만, 실상 살아남은 생명체들에게는 새로운 번창의 기회가 된다. 자신을 위협하던 강자들이 사라졌기 때문이다. 살아남은 생물은 달라진 환경조건에 적응해 다양하게 분화하며 여러 계통으로 갈라져 진화한다. 이를 적응방산(adaptive radiation)이라 한다. 대멸종은 곧 새로운 진화의 기회다.

우리가 사용하는 제품들 역시 진화와 소멸을 거듭하고 있다. 1960년대 이전에는 유선 라디오가 대세였다가 길을 다니면서도 들을 수 있는 트랜지스터 라디오까지 진화했으나, TV가 나오면서 거의 멸종 단계에 이르렀다. TV 시장은 화면이 불룩한 브라운관식 흑백 TV에서 시작해, RCA, GE, 제니스, 실바니아 등 27개 기업이 적응방산을 하며 다양한 진화를 이루었다. 그런데 '컬러 TV'가 등장하고 얼마 지나지 않아서, 소니가 반도체 부품을 중심으로 만든 트리니트론Trinitron이라는 투사방식을 통해 화면이 평평하여 어느 각도에서나 잘 보이는 '평면사각 TV'를 내놓았다. 그러자 진공관 TV들은 대멸종하고, 소니를 비롯한 솔리드스테이트solid state 평면사각 TV가 적응방산을 하며 파나소닉, 산요, 도시바 등 일본 TV가 시장을 평정하기 시작했다.

그들의 뒤를 이은 것은 한국의 기업들이다. 1990년대에 들어서면서 삼성은 더욱 과감하게 LCD 방식을 도입했다. 선두주자인 소니의 평면사각 TV와 마찬가지로 '어느 각도에서나 잘 보이면서'(POP), '선명하고 강렬한 색과 얇아진 두께'(POD)로 소니를 제치고 TV 시장의 왕좌를 차지한 것이다. 곧바로 LG가 가장 먼저 적응방산을 시작했고, 일본 전자업체들도 방산하며 진화하려고 애쓰고 있다.

지구에 생존하는 생물의 역사와 수많은 기업들이 경쟁하는 시장을 비교해보면, 속도와 기간은 다소 다를지라도 '정글의 법칙'이 지배하는 무한경쟁의 장 이라는 점에서는 동일해 보인다. 대멸종 이후에 살아남는 제품이 카테고리 표준(POP)이 되고, 방산형 진화를 통해 다양한 특징을 가진 제품(POD)들이 출현했다가 또 다시 대멸종을 맞으며 진화를 반복하는 모습은 대단히 흥미롭다.

대멸종의 위기가 새로운 기회를 낳고, 적응방산을 통해 각 방향으로 진화한 제품 중에서 시장의 변화에 더 잘 적응하는 자만이 살아남는다. 그 핵심은 물론, 나만의 특성(POD)이다. 하지만 잊지 말자, 어떤 카테고리(POP) 안에 당신의 제품을 포지셔닝할지를 먼저 생각해야 한다는 것을. 그런 다음에야 어떻게 적응방산을 해 나갈지 고민해야 하는 것이다.

어떻게 다름을
'만들' 것인가

2

사람들의 머릿속에는 별처럼 수많은 제품의 카테고리들이 존재한다. 차별화를, 수많은 별(제품 카테고리)들의 궤도에 인공위성(자신의 브랜드)을 띄워 올리는 작업에 비유해보자.

그러려면 두 가지 동력이 필요한데 하나는 위성을 로켓에 달아서 일정한 고도로 띄워 올리는 '추진동력'이고, 다른 하나는 일단 궤도에 오른 후 궤도를 이탈하지 않으며 날게 하는 '유지동력'이다. 띄우는 추진동력과 나는 유지동력은 성격이 전혀 다르기에, 취해야 할 전략도 당연히 다르다.

2부에서는 제품의 실제적인 차이를 만드는 다섯 가지 추진동력에 대해 다룰 것이다. 일단 브랜드가 궤도에 오르면, 그다음에는 훨씬 수월한 게임을 할 수 있다. 유지동력에 대해서는 4부에서 다룬다.

마케팅 전략을 집행할 때 브랜드를 일정한 궤도에 올리는 추진동력으로는 기본적으로 가격 경쟁력과 품질 경쟁력, 두 가지 형태가 있다.

가격 경쟁력을 동력으로 쓰려면,
저가격(low price)에 제공하는 능력이나
가성비(value for money)를 높일 수 있는
능력이 있어야 한다.

품질 경쟁력을 동력으로 쓰려면,

독특한 기능(exclusive function)이나

탁월한 품질(superior quality)을 제공하는 능력,

또는 궁극적으로 뛰어난 명성(outstanding image)을

창출하는 능력이 요구된다.

이 중에서 어떤 동력으로 당신의 위성(브랜드)을 쏘아 올릴 것
인지 판단하기 위해, 각 경쟁력의 특징과 문제점은 무엇인지를
살펴보자.

'저가격'으로
버틸 수 있는가

　이쯤에서 이 책의 주제인 '차별적 우위'에 대해 다시 한 번 짚어보자. 차별적 우위란 '소비자가 좋다고 생각하는 점으로서, 경쟁자가 쉽게 흉내 낼 수 없는 특징'이라고 정의했다.

　우선 가격 면에서 소비자들이 좋다고 생각하는 가격은 두말할 필요 없이, 싼 가격이다. 그런데 '조금' 싸게 제품을 판매하면 경쟁사들이 쉽게 흉내 낼 수 있다. 남들이 따라 하지 못하게 하려면 '매우' 싼 가격에 팔 수 있어야 한다. 소위 '초저가 전략' 혹은 '매일 저렴한 가격(EDLP: Every Day Low Price)'으로 불리는 파격적인 가격은 나름의 경쟁력을 갖는다.

　품질과 서비스를 다소 희생하더라도 가격을 파격적으로 낮출 수 있다면, 차별화를 추진하는 동력이 된다. 예컨대 저가 판매를 실현하기 위해 제품이나 서비스에 부수적으로 딸린 포장, 장식 등의 군더더기를 제거하는 방법을 들 수 있다. 식당이나 주유소 등에서 셀프 서비스 제도를 도입해 가격을 낮추는 식이다.

"코스트와 볼륨, 두 가지를 모두 달성해야"

저가격 전략은 가장 손쉽게 선택할 수 있는 전략처럼 보인다. 안 팔리면 가격을 낮춰주면 되니 말이다. 그러나 진입장벽이 낮은 만큼 성공하기도 어려운 전략이다. 저가전략으로 성공을 이끌어낸 사례로 항상 손꼽히는 월마트Wal-Mart를 조금 더 자세히 들여다보자.

벤 프랭클린Ben Franklin은 미국 최초의 할인점이다. '티끌 모아 태산(A penny saved is a penny earned)'이라는 벤저민 프랭클린의 금언을 사훈으로 삼은 회사였는데, 성장세도 시장점유율도 그리 높지 않았다. 후에 세계 최고의 소매점이 된 월마트의 창립자 샘 월튼Samuel Walton은 이 회사의 프랜차이즈 매장 하나를 담당하던 책임자에 불과했다. 그는 교외에 사는 사람들이 유통비 때문에 물건을 비싸게 구매한다는 사실에 주목해, 벤 프랭클린의 중역에게 지방 소도시에 할인매장을 열자고 제안했다. 하지만 벤 프랭클린의 경영진은 상식에 벗어난 제안이라며 일언지하에 거절했다. 5만 명 이하의 소도시에서는 할인 가격을 제시할 필요가 없고, 매출도 높지 않다는 이유였다.

그의 자서전에는 "내가 일생 동안 가장 자주 들은 얘기는 '인구 5만 명 이하 소도시에서는 할인점이 오래 버틸 수 없다'는 말이었다"고 쓰여 있다. 그는 결국 44세가 되던 1962년, 아칸소 주의 조그만 도시인 로저스에 자기만의 첫 상점을 열었다. 그것이 월마트이고, 알다시피 지금은 전 세계 9,000개가 넘는 매장에 220만 명이 일하는 세계 최대의 유통업체가 되었다.

그럼 이 사례의 교훈은 무엇일까. 용의 꼬리가 되지 말고 뱀의 머리가 되라는 것일까? 만약 한국에서 할인점을 하나 연다면 인구가 많고 경쟁이 심한 곳을 피해 강원도 산골로 가서 독점을 하라는 말인가. 월마트의 성공방식을 흉내 내겠다고 저가제품으로 경쟁이 적은 곳에서 사업을 벌였다가는 망하기 딱 좋다.

서툰 마케터들은 스타벅스처럼 성공한 브랜드나 시선을 끄는 광고처럼 화려한 꽃에만 눈길을 주고 이를 모방하려 든다. 그러나 아무리 똑같이 만들어도 그것은 죽은 조화일 뿐이다. 꽃은 보이지 않는 뿌리에서 생겨난다. 보이지 않는 뿌리가 무엇인지 알아야 한다. 저가격의 뿌리에는 '원가 절감(low cost)'과 '판매량 극대화(high volume)'를 이뤄낼 수 있는 노하우가 반드시 필요하다. 샘 월튼은 그 두 가지 모두를 탁월하게 이뤄낸 사람이다.

미국은 워낙 광활하다 보니 비행기 운전을 취미로 삼는 사람들이 많다. 비행기 한 대의 가격이 5만 달러부터 시작하므로 마음만 먹는다면 시도해볼 만한 취미다. 그래서 교외의 비행장에 가면 소형 비행기들이 가득하다. 샘 월튼도 20대 때부터 비행기 타는 것이 취미였다고 한다. 그의 자서전 첫 페이지에는 언젠가 비행기를 이륙시키려는데 다른 비행기가 착륙하면서 간발의 차이로 죽을 뻔했다는 얘기가 나온다. 두 번째 페이지에는 비행기를 타다가 생사의 기로에 선 적이 한두 번이 아니라는 경험담이 이어진다.

그렇다. 그는 젊어서부터 하늘에서 내려다보았다. 높은 곳에서 보니 철길과 지방도로가 만나는 곳들 중, 큰 도시에서 20~30분이면 올 수 있는 곳들이 눈에 띄었다. 바로 그 지점에 월마트를 지은 것이다. 미국에서 가장 비용이 저렴한 유통수단이 철도인데, 월마트는 철도를 따라 자리를 잡아갔으므로 기차에 싣고 온 물건들을 그냥 내리기만 하면 된다. 트럭에 옮겨 싣고 이동한 후 다시 하역할 필요가 없는 것이다. 물건을 구매할 때도 생필품이든 뭐든, 열차 한 량 기준으로 대량 구매했기에 가격 협상력이 높아지고 비용도 크게 절약할 수 있었다. 그는 암으로 숨을 거두는 마지막 순간까지도 부지런히 발로 뛰면서 상품 공급자를 만나 조금이라도 더 저렴한 가격에 팔라고 설득하는 일을 멈추지 않았다고 한다.

사람들이 다니기 편리한 위치에, 주차공간이 넉넉하고, 무엇보다 가격이 매우 저렴하며, 고객 서비스도 만족스러워서 사람들이 몰려들고, 판매량이 늘어나니까 점점 더 저렴하게 공급할 수 있었다는 것이 월마트의 성공 비결이다. 샘 월튼은 이렇게 말한다.

"어떤 물건을 80센트에 샀다고 치자. 나는 그것에 1달러를 매기면, 1달러 20센트의 가격을 매기는 것보다 3배 이상 많이 팔 수 있다는 것을 알았다. 물건 하나 당 이윤은 반으로 줄어들지 몰라도 3배 이상 많은 물건을 팔게 됨으로써 총 이익은 훨씬 늘어난다. 얼마나 간단한가. 가격을 낮춤으로써 판매량을 늘린다는 단순한 원리다."

철저한 비용 절감은 월마트를 성공시킨 또 다른 축이다. 한국에서 이름만 대면 누구나 아는 능력 있는 CEO가 있다. 2005년 즈음에 한국 월마트에서 그를 사장으로 모셔가고자 했고, 그도 세계적인 기업인 월마트이므로 사장 자리 수락을 긍정적으로 검토하고 있었다. 그런데 일이 잘 마무리되어 가던 마지막 순간에 회사를 방문하고는 고민에 빠졌다고 한다. 창고 같은 건물에 기다란 형광등 불빛, 1970년대에나 쓰던 철제 책상과 가구들이 놓여 있는 사무실 한구석을 칸막이로 막아놓고는 사장실이라고 안내하더라는 것이다.

그는 원래 소탈하고 형식에 전혀 구애받는 타입이 아니었지만, 절약이 심해도 너무 심하다 싶어서 밤새워 고민하다가 결국 사장 자리를 고사했다고 한다. 그의 심정도 충분히 이해가 간다. 여하튼 이토록 지독하리만큼의 절약정신이 월마트를 저가 유통 시장의 선두주자로 만든 것이다. 아무나 흉내 내기 힘든 경영방식이자 철학이다. 월마트의 중역들이 출장 시 이코노미석을 탄다는 것은 이미 널리 알려진 사실이다.

결코 성공하기 쉽지 않은 저가격 전략

저가격 전략을 시도한다 해도 절박한 상황에 빠진 경쟁자가 이에 대응하기 위해 더 심한 가격인하를 시도하여 공멸할 수도 있다는 위험은 항상 존재한다. 저가전략은 비교대상이 되는 경쟁자와의 치열한 재원 싸움(financial match)이다. 따라서 잠재적 가격전쟁에서 이길 수 있는 풍족한 자금과 건전한 원가구조 없이는 쉽사리 살아남기 어렵다.

특히 서비스를 줄여 기존 고객의 기대를 저버리며까지 가격 파괴 전략을 시도했다가는 더욱 위험해질 수 있다. 딜라드Dillard's 백화점 체인은 월마트 등 기세가 오르는 할인점을 흉내 내어, 백화점이지만 '매일 저렴한 가격' 전략을 시도했다가 혼쭐이 난 적이 있다. 한마디로 백화점에는 적절치 않은 방식이었다. 월마트처럼 대중적 이미지에 매우 싼 가격의 양판점도 아니고, 노드스트롬Nordstrom처럼 고객 밀착형 고급 백화점도 아닌 채로 '저렴함 +백화점'이라는 두 마리 토끼를 쫓으려다 어중간한 상태에 빠진 (마이클 포터의 말을 빌리자면, stuck in the middle) 꼴이 되었다. 다행히 지금은 업스케일upscale 백화점으로 제자리를 찾은 상태다.

저가격 전략은 가장 손쉽게 선택할 수 있는 전략처럼 보인다. 안 팔리면 가격을 낮추면 되니까. 그러나 진입장벽이 낮은 만큼 성공하기도 어려운 전략이다.

저가격 전략을 추진 동력으로 삼을 때 큰 걸림돌이 되는 것은 판매량이다. 처음에는 저가로 잘 버티다가도, 시장을 더 확대하기 힘들 경우 가격을 시나브로 올리면서 어느 틈에 저가전략을 잊어버리는 경우도 비일비재하다. 피플 익스프레스People Express는 초저가 전략을 선점해 크게 성공한 항공사다. 그들은 예약도 없이 시외버스 타듯 공항에 나가서 차례대로 비행기를 타게 하는 시스템을 운용했다. 운이 좋으면 그 싸구려 비행기를 금세 탈 수 있고 그렇지 않으면 공항에서 다음 비행기가 올 때까지 마냥 기다려야 했다. 여하튼 피플 익스프레스는 매우 싼 가격에 사람들을 실어 나른 기업이다. 기존 항공사로서는 아무리 저가 시장이 탐나더라도 그런 식의 운영을 할 수 없었고, 피플 익스프레스는 찬사를 받으며 급성장을 거듭했다.

이러한 전략을 '선점전략'이라 한다. 어차피 전체 시장에서 선두가 아니라면, 기존의 마켓리더가 관심 갖지 않는 무주공산에서 선두가 되겠다는 원리다. 지역적으로든 시장 규모로든, 더 큰 기업이 별다른 관심을 갖지 않거나 공략하기 쉽지 않을 만큼 작으면 된다. 선점전략은 '큰 기업은 작은 기업을 이길 수 있다'는 힘의 원리를 역행하는 것이 아니다. 오히려 전쟁터의 규모를 줄여서 힘의 우위를 달성하려는 것이다. 비유하자면 '호랑이 없는 굴에 여우가 왕'이라는 말처럼 호랑이가 없는 굴을 찾는 것이므로, 전쟁터의 범위를 넓혀서는 안 된다.

그런데 피플 익스프레스는 성공을 거두자 더 많은 비행기를 사들이고 더 많은 노선을 운항했다. 그러다 보니 큰 공항에 진입하고 시스템을 키워가면서 가격을 조금씩 올리지 않을 수 없었다. 게다가 가장 큰 장점이었던 임기응변성과 융통성이 보이지 않자 사람들이 등을 돌리기 시작하면서 피플 익스프레스는 순식간에 시장에서 사라지고 말았다. 선점전략을 쓰는 기업은 영역을 확장하고 싶은 상대 기업을 자신의 홈그라운드로 끌어들여서 싸워야지, 적과 동일한 제품을 갖고 적진으로 뛰어들어서는 결코 안 된다.

저가격만으로 버티기에 우리 시장은 너무 작다

이처럼 저가전략은 박리다매, 즉 이익이 박한 만큼 다 매출을 통해 생존하는 게임이다. 그러므로 저가격에 반응하는 수요를 늘려 매출을 올리는 게 관건이다. 미국이나 중국과 같이 자국 내 시장 규모가 크더라도 저가전략만으로는 시장 규모를 확보하기 쉽지 않다. 더구나 우리나라 정도의 시장에서 저가전략으로 오래 버티기는 어렵다.

2001년 에이블 커뮤니케이션이라는 회사는 시제품 반응조사를 위해 저가로 여성들에게 화장품을 보내주기 시작했는데, 좋은 반응을 얻자 2003년에 아예 3,300원짜리 초저가 화장품을 미샤라는 브랜드로 출시했다. 기존의 대형 화장품 회사로서는 도무지 이익을 낼 수 없는 가격이기도 하고, 설사 가능하더라도 이미지 때문에 그런 가격에 제품을 팔 수는 없었다.

미샤가 나올 당시 화장품 시장의 강자는 아모레퍼시픽이었는데, 그들은 1만 원 이하의 초저가 화장품 시장에는 관심이 없었으므로 미샤를 내버려두었다. 더구나 아모레퍼시픽은 방문판매와 시판 위주였던 데 반해 미샤는 가두 판매점에 역점을 두어, 직접 부딪히는 일이 적었다. 그런데 초저가 화장품을 선점하여 재미를 본 미샤가 시장 확장을 꾀하며 6,000원이 넘는 화장품들을 내놓더니 급기야 1만 원이 넘는 화장품까지 판매하기 시작했다. 의도했든 안 했든 중저가 시장으로 진출하여 마켓리더인 아모레퍼시픽을 측면 공격한 셈이 되었다. 그러자 방문판매에 치중하던 아모레퍼시픽도 '아리따움', '휴플레이스' 등의 가두 판매점을 만들어 반격했고, 더페이스샵 등 또 다른 초저가 화장품 업체들이 뛰어들어 미샤는 협공을 당하게 되었다. 전선을 너무 확장하다 독보적 위치를 위협당하는 결과를 자초하게 된 것이다.

> 가격 전쟁에 대비할 수 있는 재정적 뒷받침과 매출확장에 대한 확신이 없다면, 저렴한 가격만으로 장기적으로 차별화하기는 불가능하다.

저렴한 가격에 반응하는 소비자는 어느 시장에나 존재한다. 그러므로 품질과 서비스를 다소 희생해서 가격 파괴를 실현하는 것은 하나의 전략이 된다. 그러나 초저가 시장은 시장의 크기에 한계가 있어서 오래 지속하기가 쉽지 않다. 특히 우리나라처럼 전체 시장 규모가 크지 않은 곳에서는 더더욱 그렇다. 가격 전쟁의 가능성에 대비할 수 있는 재정적 뒷받침이나 매출확장에 대한 확신이 없다면 저렴한 가격만으로 장기적으로 차별화하기는 어렵다는 것을 유의하자.

'가성비'라는 가치로
승부할 수 있는가

새로 입사한 김갑동 판매원이 고객에게 물건을 팔려고 온갖 감언이설로 설득했지만, 결국 판매를 성사시키지 못하고 빈손으로 돌아왔다. 상사가 "왜 못 팔았느냐"고 묻자, 그는 고개를 절레절레 흔들며 "이 가격으론 안 됩니다. 거의 팔 뻔했는데 가격이 비싸서 거래가 안 되었어요"라며 울상을 지었다.

가격 때문에 못 팔았을까? 가격은 싸다 비싸다가 아니다. 고객에게 '기꺼이 돈을 지불할 만한 가치(willingness to pay)'를 제공하지 못했기 때문이다.

> 비싸서 못 판다는 말은 옳지 않다.
> 고객에게 '기꺼이 돈을 지불할 만한 가치'를 제공하지 못했을 뿐이다.

"좋은 책을 저렴한 가격에"

1934년 영국 엑서터 역. 보들리헤드 출판사의 디렉터였던 앨런 레인Allen Lane은 플랫폼에서 오가는 이들을 물끄러미 바라보고 있었다. 그는 기차를 기다리는 사람들을 무료한 눈빛으로 바라보다 자리에서 일어나 역 구석구석을 살폈다. 기다리는 시간을 때울 만한 무언가를 찾기 위해서였다. 하지만 눈에 띄는 건 고작해야 통속소설이나 잡지뿐이었다. 그 순간 그에게 아이디어가 떠올랐다. '읽을거리가 필요하겠어.' 이때 읽을거리란 단순한 책이 아니었다. 저렴한 가격으로 부담 없이 살 수 있는 '양질'의 도서를 의미했다.

1930년대만 해도 서적은 지식인들의 전유물이었고, 으레 두꺼운 장정의 하드커버여서 아무나 사볼 수 없었다. 책을 좋아하지만 돈이 없는 이들은 빌려서 읽거나 돌려 보는 게 일반적이었다. 이러한 상황에서 레인이 떠올린 것은 소위 문고판 책이었다. 얇은 종이로 표지를 만들어 가볍고 한 손에 들어올 만큼 작아서 휴대하기 편리한, '페이퍼백paperback'이라 불리는 문고판이 완전히 새로운 제본 방식은 아니었다. 하지만 이제껏 나온 페이퍼백은 가격도 판형도 제각각이었고, 내용도 형편없었다.

레인은 곧 이러한 문제점을 보완하는 문고판 서적을 기획했다. 그는 책의 대중화야말로 지식을 공유할 수 있는 기회라 믿었고, 책의 본질 또한 '소장하는 것'이 아닌 '읽는 것'이라고 정의했다. 그는 문고판 서적에 대해 세 가지 철학을 세웠다. 첫째, 편하게 살 수 있을 만큼 저렴할 것. 둘째, 다양한 독서취향에 맞추되 언제나 양질의 작품일 것. 셋째, 마케팅 개념을 도입해 책을 홍보할 것 등이었다.

자신의 일에 신념이 있었던 그는 굳은 확신을 보이며 사업을 추진했지만 출발은 순조롭지 않았다. 기성 출판사들은 좋은 책의 판권을 재구매해 싼 가격에 출간하겠다는 그의 계획에 아무도 협조하지 않았다. 책의 가치를 떨어뜨린다고 본 것이다. 소매 서점들마저 냉담한 반응을 보였다. 책을 구매할 사람의 숫자는 빤한데 가격이 내려가면 그나마 있는 마진도 줄어든다고 생각했기 때문이다. 아무도 호의적이지 않은 상황에서, 그는 어렵게 따낸 에릭 링클레이터의 작품 《시인의 술집(Poet's Pub)》의 판권으로 일단 사업을 시작했다.

앨런 레인은 문고판 서적이 서점과 같은 전통적 판매처에서는 승산이 없을 것임을 직감했다. 낮은 가격으로 승부하려면 박리다매 원칙을 고수해야 하므로, 사람들의 눈에 잘 띄는 곳에 책을 노출시켜야 했다. 거듭되는 거절로 망연자실해 있던 앨런 레인의 숨통을 틔워준 건 울워스(Woolworths)라는 체인 잡화점이었다. 리본과 나비넥타이 더미 옆에 저속한 책 몇 권을 두고 판매하던 그 체인점에서 일시에 6만 여 권의 책을 주문한 것이다. 울워스에 깔린 첫 문고판은 며칠 만에 완판을 기록했다. 이에 힘입어 어니스트 헤밍웨이의 《무기여 잘 있거라》, 앙드레 모루아의 《아리엘 혹은 셸리의 일생》 등 9권의 판권을 추가로 따낸 앨런 레인은 비로소 문고판 총서를 출간한다.

갖은 고생 끝에 담배 10개비와 맞먹는 가격, 6펜스의 책은 절반의 성공을 거두었다. 앨런 레인은 이 무모한 도전에 대해, "우리는 양질의 책을 저렴한 가격에 읽고자 하는 이들이 영국에 많다고 생각했어요. 그리고 거기에 모든 것을 걸었습니다"라고 회고했다.

우리가 책을 살 때를 생각해보자. 보통 작가나 책 제목을 먼저 보는 것이 자연스러운 수순이고, 그다음에 출판사를 확인한다. 아예 출판사를 보지 않을 때도 많다. 출판사를 고려하는 독자라 해도 표지 디자인만 보고 어느 출판사인지 알아맞히기는 쉽지 않다. 앨런 레인은 그 점에 주목했다. 좋은 책을 펴내는 데 그치지 않고, 브랜드로서의 출판사를 어필해 가치를 높이려 한 것이다.

그는 브랜드 명 역시 문고판의 성격처럼 가벼워야 한다고 보았다. 브랜드 명을 짓기 위해 회의를 하던 중, 뒷자리에 있던 직원 한 명이 "펭귄은 어떨까요?"라고 말하자 그 순간 자리에 있던 모든 이들이 흔쾌히 동의했다. 우아하면서도 유쾌한 이미지를 가진 동물인 펭귄은 탁월한 선택이었다. 곧바로 런던 동물원의 펭귄을 본뜬 스케치가 로고로 탄생했고, 그 로고는 지금껏 브랜드를 인식하는 일차적 이미지로서의 역할을 톡톡히 하고 있다.

양질의 책을 저렴한 문고본으로 출간하겠다는 진보적 컨셉은 표지 디자인에도 반영되었다. 당시 책 표지는 손으로 그린 일러

책을 살 때, 사람들이 출판사를 염두에 두게 할 수 있을까?

스트에 금박을 장식하는 것이 일반적이었고, 책 내용을 짐작할 수 있는 시각적 연관성도 중요시되었다. '디자인'이라기보다는 '일러스트레이션' 혹은 '상업 예술'이라는 용어가 더 적합한 상황이었다.

그러나 펭귄은 실험적으로 가로 3단 분할 구성 및 현대적 서체를 도입했다. 표지 컬러에서도 일반 소설은 주황색, 전기문학은 진남색, 추리소설은 초록색 등으로 분류해서, 장르를 효과적으로 구분하는 장치로 활용했다. 초반 펭귄의 책표지는 무엇보다 출판사 자체를 알리는 데 주력했다. 이 모든 전략은 개별 작품에 주목하는 여타 단행본의 홍보 방향과는 전혀 다른 방식이었다. 일관성 있는 디자인은 매대에서 좋은 위치를 차지하고 독자의 눈을 끌기에 충분했다.

'퍼스트펭귄first penguin'이란 용어가 있다. 무리 중에서 처음 바다에 뛰어드는 펭귄으로, 영어권에서는 불확실성을 감수하고 용감하게 도전하는 '선구자'를 뜻하는 관용어로 쓰인다. 지금은 세계 4대 출판사로 불리며 미국과 호주를 비롯한 15개국에 지사를 둔 국제적 출판 브랜드 펭귄도, 70여 년 전 당시에는 출판계의 '퍼스트펭귄'이었다. 펭귄의 성공은 '양질의 서적을 저렴한 가격에 보급'하겠다는 선도적 철학에서 시작되었다.

'가격 대비 품질'이라는 가치

'양질의 책을 저렴한 가격에'라는 철학은 바로 '가치(value) 있는 제품'을 의미한다. 가치라는 말처럼 포괄적인 의미를 갖는 단어도 드물 것이다. 제품이 되었든 사람이 되었든, '가치'라고 하면 어쨌든 긍정적인 의미로 쓰인다. 그러나 마케팅적 관점에서의 가치는 무조건 좋은 것이 아니라, '가격 대비 품질'을 뜻하는 '가성비'를 의미한다. 최근에 쓰이기 시작한 이 단어는 '가격 대비 성능'의 줄임말로, 가성비가 좋을수록 그 사람은 가치 높은 소비를 한 것이 된다.

우리가 어렸을 때부터 자주 써온 똑딱이 모나미 볼펜은 저렴하면서도 친근한 느낌의 일회용 필기도구다. 서양 사람들에게 우리의 모나미 볼펜처럼 향수를 불러일으키는 것이 바로 빅Bic 볼펜이다. 빅은 흔히 '세계 최초의 일회용품'이라 불리는데, 여기서 일회용이란 한 번밖에 못 쓴다는 의미가 아니라, 잉크를 충전하거나 교환해서 계속 쓸 수 있는 제품과 달리 다 쓰면 통째로 버리게끔 만들어졌다는 의미다.

볼펜에 그친 모나미와 달리, 빅은 각종 일회용 제품의 대명사가 되었다. 우리나라 사람들에게 '빅'이라 하면 볼펜과 작고 저렴한 라이터 정도를 떠올릴 테지만, 빅이라는 브랜드로 60년이 넘도록 시장에 나온 제품은 수천 가지에 이른다. 문구류, 라이터, 면도기에서부터 선불카드를 사용하는 29유로짜리 휴대폰에 이르기까지 제품군도 다양하다. 모두 일회용에 가깝고 일상생활과 밀접하게 관련된 소비재다.

수많은 제품군을 관통하는 빅의 기본 철학은 분명하다. '저렴한 가격 대비 최상의 품질을 제공한다'는 것이다. 이는 겉모습만 고급스럽게 만든 볼펜이 10달러에 육박하던 시절에 안정적인 성능의 제품을 개발해 고작 29센트의 가격으로 내놓은 창립자 마르셀 비쉬Marcel Bich 때부터 지금까지 변함없이 이어져온 철학이다. 마르셀 비쉬의 아들이자 소시에테 빅Societe Bic의 2대 회장을 맡고 있는 브루노 비쉬Bruno Bich도 비싸고 희소성 있는 제품보다는 모든 계층의 소비자가 언제나 믿고 선택할 수 있는 제품을 만든다는 원칙을 고수하고 있다.

빅은 원자재 가격이 급등한 최근 10년 동안에도 가격을 인상하는 대신, 원가가 가격에 미치는 영향을 최소화할 수 있도록 생산성 개선에 주력하는 전략을 택했다. 이렇게 지켜온 철학은 세월을 거치면서 빅 제품을 매우 독특한 반열에 올려놓았다. 고가의 필기구가 문구 시장의 주류를 이루던 1950년 당시에 조악한 디자인이라고 혹평받았던 빅 볼펜은 이제 뉴욕의 현대미술관, MoMA에 전시된 가장 값싼 예술품이 되었고, 프랑스의 대중적인 사전 《라루스(Larousse)》에는 '빅'이 볼펜을 뜻하는 보통명사로 등재되었다. 젊은 대학생의 주머니 속뿐 아니라 대기업 중역의 집무실 서랍에도 있고, 어학사전뿐 아니라 디자인 연감에서도 찾아볼 수 있는 독특한 브랜드가 된 것이다.

펭귄북스나 빅의 사례에서 보았듯이, 가성비 경쟁력을 추구할 때 중요한 것은 지향하는 가치가 뚜렷해야 한다는 점이다. 하버드 대학의 신시아 몽고메리Cynthia Montgomery 교수는 자신의 저서 《당신은 전략가입니까》를 통해 '가치 있는 기업'의 의미에 대해 역설한다.

"가치는 상대적인 것이기에 옳고 그름을 따질 수는 없지만, 어떤 기업이 가치 있는 기업인지 아닌지를 판단할 수는 있다. '만일 그 기업이 사라진다면 사람들이 아쉬워하겠는가?'라고 질문해보자. 사람들이 아쉬워한다면 가치가 높은 제품을 만드는 기업이다. 그러나 그 기업이 없어져도 사람들이 아쉬워하지 않는다면 가치 높은 제품을 만드는 기업이라 할 수 없을 것이다." 높은 가성비를 지향하는 기업이라면 자문해보아야 할 대목이다.

'그 정도면 족하다'는 눈높이의 시대

일본의 저명한 디자이너 나오토 후쿠사와는 "오늘날 노멀 (normal, 평범)한 제품이 사라지고 있음은 안타까운 일이다. 사람들은 뭔가 특이한 요소나 기능을 첨가해야 디자인이 되었다고 생각한다. 그러나 진정으로 슈퍼노멀(super-normal, 비범)한 제품이란 지극히 노멀한 제품을 일컫는다"라고 말한다. 과도하거나 눈길을 끄는 데 급급한 디자인보다 본질에 충실한 제품을 만들라고 호소하는 것이다.

이러한 개념을 제대로 적용하고 있는 대표적인 브랜드가 일본의 무인양품無印良品(일명 무지Muji)이다. 7,000여 종의 생활용품을 판매하는 무지는 잘 쓰지도 않는 기능들을 과도하게 붙인 제품들과 명확한 대조를 이루며, 본래의 기능과 형태를 잘 살린 디자인으로 전 세계에 파급력을 미치고 있다.

무인양품은 단순히 원가절감을 통한 '싼 가격'에 뿌리를 두는 것이 아니다. 가격경쟁에 몰두하느라 더 소중한 '정신'을 잃어버리면 살아남을 수 없음을 간파한 무지의 제품들은, 우리가 당연한 것으로 여기던 불편함을 새롭게 인식하여 차별화를 꾀한다. 살짝 기울여 휴지를 넣기에 편리하도록 만든 쓰레기통, 손가락을 다치지 않게 끝을 궁글린 종이 클립 등이 그 예다. 그

최고를 향해 필요 이상의 품질을 추구하는 제품에 절제와 중용의 개념을 더할 필요가 있다. '그 정도면 충분하다'는 가성비 좋은 제품의 목표다.

러므로 비용절감만을 의식하는 유통업체 PB(private brand) 방식의 노 디자인(no design)과는 다르며, 오히려 한 차원 높은 감각이 요구되는 궁극의 디자인(ultimate design)이라 할 것이다.

그렇다면 이런 제품들의 눈높이는 어디일까. 그들의 목표는 "그것이 좋다"가 아니라 "그것으로 좋다"이다. 즉 '그것이 아니면 안 되겠다'는 최고의 의미가 아니라, '그 정도면 충분하다'는 최적의 의미라 하겠다. 최고를 향해 필요 이상 과도한 디자인으로 치닫던 제품에 절제와 중용의 개념을 더한 것이다.

최고가 아닌 최적의 소재와 형태를 찾는 소박함에 심미안을 투영한 새로운 가치를 추구하자는 관점에서, '자연 그대로'라는 1차원적 개념인 내추럴natural이나 오가닉organic보다 '자연으로 돌아가자, 다만 세련되게'라는 한 단계 발전된 가치의 시대로 접어들고 있다.

높은 가성비를 실현하는 것은 효율성이다

제품의 품질을 높이는 것은 생각처럼 쉽지 않다. 그러므로 좀 더 손쉽게 가치를 높이는 방법은 가격을 낮추는 것이다. 가격 대비 가치(value for money)를 실현하려면 저렴한 가격(input)에 비해 '그런대로 쓸 만한' 품질(output)을 만들어야 한다. 이때 생산 효율성을 높이는 능력이 중요하다. 그러나 자칫하다가는 효율성을 약간 높이는 데 그치는, 고만고만한 수준에 머물기 쉽다. 실제로 가격 대비 품질을 추구하는, 즉 가성비 경쟁력으로 승부하려는 기업들의 성적표는 그리 훌륭하지 않다.

투입(input)대비 산출(output)을 나타내는 효율성과 관련해 눈여겨볼 회사가 자라(Zara)다. 남들보다 한발 먼저 시장에 내놓아 '최신'이라는 평가를 받으려면 스피드가 중요한데, 자라는 품질이나 재질로 승부하는 것이 아니라 스피드로 효율성을 높이고 있다.

자라가 어떤 브랜드인지 한마디로 말한다면, 패스트 패션(fast fashion)을 하는 회사다. 말하자면 '속도 회사'인 셈이다. 이 회사의 성과기준은 품질도 아니고, 가격도 아니고, 재질도 아니다. 자라가 잘하는 것은 딱 하나다. 남들보다 더 빠르다. 스피드가 왜 중요한지 이봉진 사장에게서 직접 들은 이야기를 옮겨보자.

싸이가 불러 히트한 노래 중에 '강남스타일'과 '젠틀맨'이 있다. 해당 뮤직비디오를 유튜브에서만 1억 명 이상이 봤으니 둘 다 나름대로 성공했다고 볼 수 있다. 그런데 어떤 노래가 더 성공했다고 말할 수 있을까? 아마 '강남스타일'이라 생각할 것이다. 그런데 자라에서 평가한다면 그 기준이 달라진다. 보통 노래의 성공을 판단하는 기준이 무엇일까? 유튜브 조회 수? 빌보드 차트? 또는 수입원일 것이다. 그러나 자라에서는 기준이 오로지 속도다. '강남스타일'은 52일차에 1억 명이 봤고, '젠틀맨'은 80시간 만에 1억 명이 봤다. 자라는 빌보드 차트라든지 수익은 따지지 않는다. 대신 딱 하나만 본다. 며칠 내로 목표에 도달했느냐다. 그런 기준으로 보면 자라에서는 '젠틀맨'이 더욱 성공했다

할 것이다.

다른 비유를 들어보자. 2013년에 혜성이 러시아를 강타했을 때 수십 킬로미터에 걸쳐 많은 빌딩이 파괴되었다. 그런데 혜성이라는 것이 무엇이냐면, 지름이 3m쯤 되는 바위덩어리에 불과하다. 이 크기의 바위덩어리가 가만히 있으면 아무도 신경 안 쓸 것이다. 하지만 이것이 시속 100km로 날아다닌다면 굉장히 놀랄 일이다. 그런데 혜성은 마하 20의 속도로 날아다니니 파괴력이 엄청나게 커지는 것이다.

탁구공으로 맞아봐야 아프지 않다. 그런데 만약 탁구공을 마하 1로 날린다면 건물을 파괴해버린다. 자라는 공장 사이즈나 재봉틀 숫자를 늘리지 않는다. 매출을 늘리고자 할 때는 속도만 높인다. 사이클 회전수를 높이는 것이다. 규모를 질량이라고 하면, 매출은 질량 곱하기 속도로 보면 된다.

속도와 함께 높일 수 있는 것은 반복 횟수다. 혜성이 5년이나 10년에 한 번씩 지구를 강타하니 사람들은 그때마다 한 번씩 깜짝 놀라고 만다. 그런데 이 혜성이 일주일에 두 번씩 전 세계를 강타한다고 하면 아마도 지구적 차원에서 대책을 세울 것이다. 마찬가지로 다른 회사들이 가끔 가다 한 번씩 발 빠른 모습을 보인다면, 자라는 어쩌다 한 번쯤이 아니라 1년 365일 빨리 움직인다. 자라는 3년에 한 번씩 새로운 소재, 분기에 한 번씩 새로운 디자인을 만드는 회사가 아니라, 1년 365일 최신 디자인을 만들어낸다. 자라의 평가 기준은 얼마나 빨리 신제품을 만들어서 얼마나 빨리 소비자에게 전달하느냐일 뿐이다.

자라의 효율성을 마지막으로 하나 더 비유해보자. 참치회를 가장 싸게 먹는 방법은 통조림일 것이다. 잡아서 배로 가져와 공장에서 가공해 파는 참치는 한 캔에 2,000원이면 먹을 수 있다. 영양가도 좋고, 맛도 있다. 그런데 도쿄의 긴자에 가면 한 점에 4~5만 원짜리 참치회가 있다. 참치를 잡아서 헬리콥터나 비행기로 24시간 안에 가져와서 비싼 값을 받는 것이다. 실상 한 점에 4만 원짜리 참치회가 그 가격만큼 맛있지는 않을 것이다. 그런데 호사가들은 갓 잡은 참치라는 이유 때문에 기꺼이 4~5만 원을 지불한다.

패션이라는 것이 우리말로 '유행' 아닌가? 흐를 유(流)에 갈 행(行)이다. 유행은 절대로 지나간 것에 대한 값어치를 평가하지 않는다. 최신 디자인은 10만 원이지만 3개월 지나면 5만 원, 1년 지나면 5,000원짜리가 된다. 패션의 가치는 사람들이 좋아하는 것을 남들보다 빨리 소비자에게 전달함으로써 값어치를 내는 것이다. 패션의 속성상 속도로 승부를 보겠다는 것이 자라의 철학이다.

자라의 품질이 결코 고급은 아니다. 그러나 최신 유행의 옷을 비교적 저렴하게 즐기고, 다음 유행의 옷을 또 저렴하게 사 입으려는 사람들에게는 최적격으로, 나름대로 가성비 높은 제품으로 인정받고 있다.

요컨대, 가성비를 판단하는 주체는 기업이 아니다. 일반적인 상식에 부합하지 않을 때도 있다. 내가 타깃으로 삼은 고객이 누구인지, 그들이 어떤 취향과 가치를 가지고 있는지를 면밀하게 판별하는 것이 나만의 철학으로 차별화하는 첩경이 될 것이다.

독특한 '기능'으로
어필할 수 있는가

요즘은 아이를 적게 혹은 하나만 낳아서인지, 아이에 대해서만은 갓난아기 때부터 아낌없이 투자하는 추세다. 교육비나 먹는 것에만 돈을 쓰는 게 아니라, 기저귀 등 아기용품도 품질만 좋다면 해외직구를 마다하지 않는 젊은 엄마들이 많다고 한다. 컴퓨터를 켜고 마우스로 클릭만 하면 원하는 물건을 얻을 수 있기에, 세계 정상급의 품질이 아니고서는 날이 갈수록 살아남기 힘들다. 국내외 경쟁자를 따지는 것이 무의미한 오늘날, 시장의 리더로 등극하려면 말 그대로 피나는 노력이 필요하다.

그러나 단시일 내에 품질을 세계 정상급으로 인정받기가 말처럼 쉬운가. 그렇다고 손 놓고 있을 수는 없으니, '독특한 아이디어에 근거한 작은 기능'으로 차별화를 시도하는 것도 하나의 전략이 된다. 기능이 몇 개인지 '숫자'를 따질 게 아니라 단 하나라도 경쟁자의 제품에는 없는 남다른 특징을 한발 먼저 시작하는 것이 관건이다. 자동차나 TV처럼 하드한 제품뿐 아니라 맥주나 음료수 등 소프트한 제품, 나아가 서비스에도 독특한 아이디어로 기능을 첨가할 수 있다.

"잡스는 무슨 운동화 신어요?"

스티브 잡스가 프레젠테이션할 때마다 고집했던 패션은 검은 터틀넥과 청바지, 그리고 회색의 뉴발란스 운동화였다. 왠지 세련된 나이키에어나 화려한 아디다스를 신고 프레젠테이션에 나서는 스티브 잡스의 모습은 잘 상상이 가지 않는다. 어쩌면 베이직하고 컬러풀한 뉴발란스는 다소 '촌스러워' 보이거나 '저렴해' 보일 수 있다. 그런데 뉴발란스를 신은 많은 유명인들을 보면 묘하게도 값싼 느낌이 들지 않는다.

우리나라에서도 유명 연예인을 비롯한 많은 이들이 뉴발란스를 즐겨 신지만, 앞에서도 말했다시피 그 자체만 놓고 보면 감각 있고 트렌디한 신발은 아니다. 어찌 보면 그냥 평범한 운동화에 가깝다. 애초 뉴발란스의 본질이 그렇기 때문이다.

110년 역사의 뉴발란스는 선천적으로 발 모양이나 걷는 방법에 문제가 있는 사람들을 위한 교정화에서 시작한 회사다. 그 후 평발인 사람들, 볼이 너무 넓거나 발등이 높거나 뭔가가 비정상인 사람들도 편하게 걸을 권리가 있다는 신념으로 제품의 범위

스티브 잡스는 프레젠테이션에서 언제나 뉴발란스를 신었다. 무슨 이유일까?

를 넓혔다. 경찰관, 소방관, 집배원 등 오래 걷거나 서 있는 직업을 가진 사람들이 서서히 이 신발을 신으면서 뉴발란스 고유의 문화가 형성되었다. '신발'이라는 쓰임새에 충실했던 그 특수한 기능이 오히려 다양한 직종과 연령의 사람들에게 어필하여 더욱 보편적인 신발로 자리매김한 것이다.

뉴발란스 제품 디자인의 핵심은 사람마다 제각각 다른 발볼 사이즈와 피팅감이다. 폴 허퍼넌Paul Heffernan 부사장은 뉴발란스의 특징을 이렇게 설명한다. "15세 소년이 멋진 모양의 나이키 에어조던을 신기 위해서는 자신의 발에 꼭 맞도록 발가락을 움츠리거나 양말을 여러 겹 신어야 할지도 모릅니다. 그러나 신발이란 어떻게 보이느냐보다 얼마나 잘 맞느냐가 중요하지 않을까요. 나이가 많고 더 성숙한 고객들은 피팅감을 중요하게 여깁니다. 저희는 신다가 닳으면 다시 찾을 신발을 만들고자 합니다."

뉴발란스는 사람들의 발볼 사이즈를 남녀 각각 6단계로 나눈다. 여성의 경우 4A는 다소 좁음, 2A는 좁음, B는 보통 사이즈이며, D는 넓음, 2E는 다소 넓음, 4E는 매우 넓은 신발이다. 남성의 경우 2A부터 시작되어 B는 좁음, D는 보통이며, 6E는 가장 넓은 사이즈다. 이토록 세분화된 기능의 운동화다.

뉴발란스의 특징은 '신발 같은, 신발 그대로의 신발'이다. 몸무게가 아주 많이 나가거나 발볼이 넓거나 발등이 높거나 발 길이가 다른, 평균 범주에서 벗어나는 사람들을 위한 신발이니 패션으로서의 신발보다는 신발 자체에 관심이 많은 사람들을 위한 신발인 셈이다. 그런데 뉴발란스의 너무 세련되지 않은 보수적인 스타일이 오히려 클래식한 느낌으로 각인되어 패션의 형태로 자리 잡았으니 재미있는 현상이다.

뉴발란스의 기능적 우수성을 바탕으로 한 브랜드 이미지는, 나이키의 'Just do it'이나 아디다스의 'Impossible is nothing'처럼 화려한 마케팅적 이미지를 만드는 노력만큼이나 오랜 기간 신발의 기능에 집중한 결과다.

한 사람의 마음을 흔드는 '작은' 기능

독특한 기능은 어느 분야에서건 두드러진 효과를 발휘한다. 식품을 예로 들어보자. 기린맥주는 1907년에 생긴 이래, 일본의 맥주시장에서 수십 년 동안 독주해왔다. 1986년 기린맥주의 시장점유율은 60%였고, 아사히, 삿포로, 산토리 등 다른 맥주들을 무색하게 할 정도로 독보적이었다.

정통 맥주라 불리는 독일 맥주조차 3% 이내로 맥을 못 추던 시절, 아사히는 독일 맥주를 찾는 이들이 소수이긴 하지만 현격히 증가하고 있음을 눈여겨 보았다. 일본 맥주는 알코올이 4도이기 때문에 도수가 더 높은 독일 맥주에 비해 쓴 맛이 적었다. 마시기 편하므로 더 많이 팔리고는 있었으나 일본 소비자들이 맥주 본연의 맛을 찾기 시작한 것이다.

이를 간파한 아사히는 1987년에 다른 일본 맥주보다 1도가 높은 5도에다 단맛이 거의 없는 담백하고 깔끔한 맛의 맥주를 '슈퍼 드라이Super Dry'라는 이름으로 내놓았다. 드라이가 나오면서 고작 10% 수준에 머물던 아사히의 시장점유율은 3년 사이에 24%로 뛰어오른다. 반면 60%를 웃돌며 난공불락으로 보이던 기린맥주의 시장점유율은 50% 이하로 곤두박질쳤다. 그리고 10년이 지난 1997년부터는 아사히가 기린을 앞서게 된다. 그 단초가 된 것이 바로 슈퍼 드라이라는 조그만 맛의 변화였다.

기업을 승리로 이끌 수 있는 무기는 달나라를 갈 어마어마한 기술이 아니다. 어떤 한 사람의 마음을 흔들어놓을 아주 조그만 기능이 다른 사람의 마음도 같이 흔들고, 결국은 시장 전체를

남다른 기능이라도 금세 모방당한다. 다만 '한발 앞서' 탑재하는 것은 차별적 우위를 차지하는 좋은 방법이다.

흔들어 판을 바꾸는 것이다. 독특한 기능은 어느 제품 시장에서 든 그 위력을 발휘한다.

제품에서만 독특한 기능이 위력을 발휘하는 것은 아니다. 남 들이 제공하지 못하는 남다른 서비스를 한발 앞서 실행하는 것 도 차별적 우위를 차지하는 좋은 방법이다. SCI Service Corporation International라는 장례 및 묘지 전문회사는 화장 서비스를 확대하려 했지만 쉽지 않았다. 보통 유족들은 갑작스레 닥친 큰일에 경황 이 없을 뿐 아니라 슬픔에 빠져 있어서 '화장' 운운하는 것을 달 가워하지 않는다.

SCI는 누가 화장을 결정하는지 곰곰이 생각해보았다. 사람은 누구나 죽지만 자신의 죽음을 미리 준비하는 사람은 많지 않다. 게다가 갑자기 닥친 슬픔을 추스르기도 버거운 유족들에게 바가 지를 씌우는 장례업체들도 비일비재했다.

SCI는 이러한 점에 착안해 "남겨진 가족에게 결정을 미루지 마세요(Don't leave the decision to the bereaved)"라는 캠페인을 벌였 다. 본인이 살아생전에 화장 여부, 매장장소, 장례비용, 관의 종 류 등을 결정하도록 함으로써, 고객을 미리 확보하고 장례를 경 건하고 매끄럽게 처리하도록 한 것이다. 오늘날 SCI는 1,500개 의 장의사 대리점과 미국 43개주와 캐나다에 400개의 묘지를 보 유한, 미국에서 가장 큰 장의업체가 되었다.

앞에서 예시한 사례들과 유사한 사례는 여기저기서 많이 찾아볼 수 있다. 그러나 콜럼버스의 달걀처럼 남이 발견한 것은 쉬워 보여도, 정작 그런 아이디어를 생각해내기란 쉽지 않다. 어떻게 해야 남들이 생각지 못하는 통찰력을 가질 수 있을까.

제품을 쓰다 보면 알게 모르게 불편함, 불안감, 복잡함 등을 경험하게 되는데, 이처럼 제품에 개입된 불필요한 단계나 의미 없이 낭비되는 시간 등을 해소하려는 과정에서 중요한 신제품 아이디어가 나오곤 한다.

《디맨드》의 저자인 에이드리언 슬라이워츠키Adrian Slywotzky는 이러한 귀찮음이나 성가심을 '헤슬hassle'이라 표현하면서, 바로 이런 헤슬을 없애려고 노력할 때 고객이 요구하는 '기능'을 찾을 수 있다고 보았다.

고객의 헤슬을 해결하여 성공한 사례를 하나 살펴보자. 주차 공간이 부족하고 교통량이 많은 미국의 대도시에서 자기 차를 갖는다는 건 만만치 않은 일이다. 주차비, 기름값, 보험료까지 생각하면 부담을 느끼지 않을 수 없다. 그렇다고 일반 렌터카를 빌리면 잠깐을 써도 비용이 만만치 않고, 차를 픽업하러 때로는 멀리 렌터카 장소까지 가야 하는 일도 성가시다. 그래서 탄생한 것이 바로 '시간제 렌터카'인 집카Zipcar다.

집카의 사용 절차는 의외로 간단하다. 우선 회원등록을 해야 하는데, 인터넷으로 하면 된다. 심사비 25달러를 내고 운전면허

번호를 알려주면 사고기록과 주차위반 기록 등을 검토해 회원자격을 심사한다. 웬만하면 회원자격을 부여하는 편이다. 1년 멤버십 비용은 60달러이지만, 판촉을 자주 하므로 저렴하게 등록할 기회가 많다. 회비를 납부하고 회원이 되면 신용카드처럼 생긴 집카드Zipcard가 배달되는데, 그것으로 자신이 원하는 시간에, 원하는 자동차를 빌릴 수 있다.

집카를 이용하려면 먼저 웹사이트에 들어가 원하는 장소와 시간을 선택한다. 물론 이 작업은 스마트폰 앱으로도 가능하다. 집카는 사설 주차장들과 미리 계약을 맺어서 집카만을 위한 주차 공간을 도심 곳곳에 마련해놓았다. 소비자가 자동차를 픽업할 위치를 입력하면, 곧바로 근처의 어느 지점에서 어떤 차들을 이용할 수 있는지 지도와 자동차 사진까지 볼 수 있다. 반납할 때는 처음 주차된 곳에 돌려놓으면 된다.

지역마다 선호하는 자동차들을 중점 배치해 대부분 본인이 원하는 자동차를 구할 수 있는 것도 장점이다. 가령 대학가에는 비싸지 않은 컨버터블이나 실용적인 밴이, 주택가에는 승용차가 크기별로 비치돼 있다. 집카는 하루에 10분만 써도 하루치 요금을 내야 하는 기존 렌터카와 달리 시간제로 빌린다. 실제로 집카를 이용해본 사람이 자신의 블로그에 올린 체험기(http://motorblog.kr/140161411855)를 읽어보면서 집카가 기능적 면에서 어떻게 차별화되는지 간접적으로나마 느껴보자.

안녕하세요? 샌프란시스코에 사는 피터입니다.

오늘 여자친구가 뉴욕으로 돌아가는 날이라

집카를 빌려 공항에 데려다주었습니다.

집카를 예약하기 전에 원하는 자동차가

주차되어 있는 위치를 확인할 수 있습니다.

제가 예약한 집카는 저희 사무실 근처에 위치한

주차장에 있군요! 걸어서 3분 정도 거리입니다.

오늘 제가 탈 차는 오렌지색 현대 벨로스터입니다.

참 예쁩니다. 앞유리창에 있는 검색장치에 제 집카드를

대면, 자동차의 잠금장치가 열립니다. 시동을 거는

자동차 키는 분실하지 않도록 아래에 끈으로 묶어놨네요.

벨로스터는 집카 라인업에 추가된 지 얼마 안 되었는지

완전 새 차인데요, 차의 내부가 깨끗하니

기분도 상쾌합니다. 아이폰으로 인터넷 라디오를 들을 수

있는 보조 플러그까지 갖춘 세심한 배려가 감동적입니다.

기름 게이지가 25% 미만으로 떨어지면 현재 사용자가

주유소에 가서 기름을 넣어야 합니다. 하지만 선바이저

뒤에 주유카드가 들어 있어 추가 비용은 들지 않습니다.

보험의 경우에는 사고 시 피해에 따라 750달러까지는

자기가 부담한다는 규정이 있습니다.

여친을 보내고 사무실로 돌아오는 길…

4시 30분까지 빌리기로 예약했는데

자이언츠 야구게임 때문에 회사 주변에 차가 밀리기

시작합니다. 벌써 4시 27분. 한 블럭만 더 가면 되는데

차들이 도무지 움직이지 않는군요.

"이런 젠장!" 휴대폰을 꺼내 집카에 전화를 거니

자동 응답기에서 "지금은 4시 27분입니다.

사용시간을 연장하시겠습니까?"라는 멘트가 나옵니다.

집카는 예약시간 내에 차를 반납하지 않으면

50달러라는 무시무시한 벌금을 물게 되므로,

만일 시간 내에 도착하지 못할 것 같으면

반드시 사용시간을 연장해야 합니다. 그렇지 않으면

다음 사용자가 제시간에 차를 쓸 수가 없으니까요.

30분 더 연장한 김에 시내를 한 바퀴 돌고

제자리에 반납해두었습니다.

오늘 집카를 사용하면서 시간제 렌터카는

자동차 구입의 좋은 대안이라고 느꼈습니다.

특히 샌프란시스코 같은 시내에서는

밋밋한 중고차를 굴리면서 주차비, 보험료, 기름값을

내느니, 필요할 때 편리하게 집카를 빌리는 편이

더 경제적이고, 친환경적이거든요.

하나 더, 집카는 렌터카 사무실에 가서

서류를 작성하는 번거로움 없이 자기가 편한 시간에

차를 빌릴 수 있다는 게 최대 장점입니다.

2000년에 시작한 집카는 2013년, 5억 달러의 현금에 미국 2위의 렌터카 회사인 에이비스Avis에 매각되었으며, 에이비스의 독립된 자회사로서 사업을 계속 확장해가고 있다. 미국에서만 23개 대도시에 진출했을 뿐 아니라 캐나다, 영국, 스페인, 오스트리아 등지로 사업을 확장하고 있다.

다들 렌터카 산업은 이미 포화상태라고 생각하고 있었다. 그러나 집카는 누구도 생각지 못한 '시간제 서비스'라는 기능으로 이를 파고들었고 확고한 뿌리를 내렸다. 소비자의 불편한 점을 찾아내고 개선 가능성을 보여주는 데서 차별화는 시작된다. 마케터의 상상력을 담은 아이디어와 그 아이디어를 실천으로 옮기는 기술력이 소비자를 즐겁게 한다. 나아가 전반적인 품질 수준이 최고가 아니더라도 소비자를 만족시키는 독특한 기능은 확고한 경쟁력을 보장해준다.

최고의 '품질'을
갖출 수 있는가

제품에 독특한 기능을 첨가해가면서 점차 기술 개발의 여력을 갖게 되면, 비로소 최고의 품질을 추구할 수 있다. 가장 훌륭한 광고 메시지는 제품 그 자체다. 전략이나 광고가 아무리 탁월해도 품질이 못 미치면 살아남지 못한다.

100m 육상경기에서 더 이상 9초대냐, 10초대냐의 경쟁은 무의미하다. 0.01초의 기록이 승부를 가르는 시대다. 제품의 경쟁 역시 마찬가지다. 세계무대에는 이미 상당한 수준의 제품을 만들 수 있는 기업이 태반이다. 선수들이 0.01초를 앞서기 위해 뼈

세계무대에는 이미 상당한 수준의 제품을 만들 수 있는 기업이 태반이다. 올림픽 선수들이 0.01초를 앞서기 위해 뼈를 깎는 훈련을 하는 것처럼, 품질에서 조금 더 앞서기 위해 혼신의 노력을 다해야 한다.

를 깎는 훈련을 하는 것처럼, 품질에서 조금 더 앞서기 위해 혼신의 노력을 다해야 한다. 1등만이 영광을 누리듯이 하나의 제품만이 소비자에게 선택되기 때문이다.

"편리함 너머에 장인정신이 있다"

드넓은 평원이 인상적인 프랑스 동부의 알자스로렌은 오랫동안 프랑스와 독일의 영토분쟁 지역이었다. 그러다 보니 오늘날에도 프랑스와 독일의 양쪽 성격이 고스란히 남아 있는데, 특히 양국의 입맛이 조화롭게 어우러져 식도락을 즐길 수 있는 지역으로 유명하다. 여느 프랑스 지방보다 미슐랭의 스타 레스토랑이 밀집되어 있어 미식가들이 많이 찾는 곳이며, 파리의 유명 레스토랑을 운영하는 이름난 셰프 중에는 알자스 출신이 많다.

알자스의 식도락 취향을 제대로 이어가기 위해 만들어진 주물 냄비가 바로 유명한 스타우브Staub다. 이름난 셰프들은 당연하다는 듯이 스타우브를 애용하며, 스타우브가 아니면 프랑스 요리를 하지 않는다고 말하는 전문 요리사도 많다. 스타우브는 수많은 조리도구 업체들 중에서 품질만으로 자신의 가치를 드러내는 브랜드다. 무거운 무쇠뚜껑의 압력 때문에 열전도와 보전성이 뛰어날 뿐 아니라, 단순하고 클래식한 형태에 컬러가 조합되어 요리를 좋아하는 사람이라면 주방에 꼭 하나 들여놓고 싶을 냄비다.

스타우브의 창업자 프랑시스 스타우브Fracis Staub의 부모는 알자스 주 콜마르 지역에서 그릇 가게를 운영했다. 대가족이 모여 살았던 그들의 집에서는 언제나 음식과 주방기구에 대한 대화가 이어졌고, 주물냄비에 대한 프랑스 사람들의 열망을 읽은 그는 1974년에 스타우브를 창업했다. 하지만 창업 직후 편리한 전자 오븐이 유행하기 시작하면서 생각과 달리 스타우브는 위기에 직면했다. 한때 사업을 포기할까도 생각했으나 알자스 사람으로서의 자긍심과 자존심이 그를 버티게 만들었다. 그런데 시간이 흘러 가만히 보니, 전자오븐 요리는 맛의 한계가 있어 기껏해야 음식을 데우는 정도의 용도에 지나지 않음을 깨달았다. 그는 현대적 편리함 너머에 조리시간이 많이 걸리는 음식이 다시 각광받는 시대가 올 것이라 확신했고, 자연히 주물냄비도 여기에 꼭 필요한 제품이라고 믿었다.

스타우브의 모든 제품은 프랑스 알자스 지방에서 이어져온 장인들의 전통 제조방식을 적용해 만들어지고, 세심한 공정과 엄격한 품질검사를 거쳐서 완성된다. 모래 틀에 재료를 부어 냄비의 형태를 만드는데, 냄비를 꺼내기 위해 모래 몰드를 파기하다 보니 각 냄비를 만들 때마다 새로운 몰드를 쓰게 된다. 스타우브가 사실상 자사의 모든 냄비는 고유의 작품과 마찬가지라고 말하는 이유다.

또한 스타우브는 전통방식의 제조기술에 만족하지 않고 기능과 디자인을 개선하며 현대인에 걸맞은 제품을 만들고 있다. 예컨대 냄비 뚜껑 안쪽의 돌기는 프랑시스 스타우브가 직접 내놓

세계적으로 유명한 셰프들은 대부분 왜 스타우브를 사용할까?

은 아이디어였다. 일반적인 냄비는 내부에서 발생한 수증기가 뚜껑 안쪽을 타고 옆면으로 모두 흘러내린다. 그러나 스타우브 는 이 돌기 덕분에 증기가 조리 중인 음식 위에 떨어진다. 사람 들은 이것을 '물주기'라고 표현한다. 미세한 차이로 볼지 모르지 만 물주기가 된 요리는 식재료가 퍽퍽해지지 않는다.

　본인을 '100% 알자스 사람'이라 말할 만큼 고향에 대한 애착 이 강한 프랑시스 스타우브는 지금까지도 모든 제품을 알자스에 서 생산한다. 주철과 에나멜을 다루는 공업을 전통으로 해온 알 자스 지방에서, 숙련된 인력과 원재료를 동원해 제품을 만드는 것이다.

　물론 값비싼 스타우브에 반감을 갖는 사람들도 적지 않다. 하지만 스타우브가 처음부터 고가의 하이엔드 주방용품을 의도했던 것은 아니다. 그들은 오랫동안 묵묵히 브랜드의 철학과 이념에 아름다운 디자인을 더해 최고의 품질을 고수해왔고, 소비자가 거기서 특별한 가치를 발견하고 느낀 것뿐이다.

좋은 품질의 잣대가 되는 세 가지 요소

최고의 품질을 결정하는 잣대로는 크게 세 가지 요소를 들 수 있다. 첫 번째는 '중심적 요소'로서, 인간이 만들 수 있는 최고 수준의 성능(performance)과 내구력(durability)을 뜻한다. 아울러 결함(defects)의 범위 내지 빈도도 중요하다.

미국 자동차의 자존심인 캐딜락 회사는 유럽의 멋진 자동차들과 경쟁하기 위해 스포츠카, 알란테Allanté를 출시했다. 그런데 이탈리아의 튜린에서 만든 몸체는 꽤 매력적이었지만, 여기저기에서 소음이 나고 선루프에서 비가 새는가 하면 창틀 사이로 바람 소리가 들리는 등, 최고급 차의 기준에 합당하지 못했다. 그 결과 첫해에 4,000대가 팔렸을 뿐 다음해부터는 판매가 영 시원치 않았다. 그 후 캐딜락의 지속적인 노력과 개선으로 5년 후에는 정말 품질 좋은 차가 되었지만, 소비자들은 더 이상 이 차를 구매하려 들지 않았다. 초기의 '사소한 결함들' 때문에 결국 실패작이 되고 만 것이다. 마음이 급하더라도 완성도가 떨어지는 제품을 서둘러 시장에 내놓기보다 완벽을 기하는 자세가 중요하다, 특히 품질로 승부하려면.

좋은 품질을 결정하는 두 번째 잣대는 '심리적 요소'로서, 이는 당연히 신뢰성(reliability)과 밀접한 관련을 갖는다. 그런데 좋은 품질로 인식되는 심리적 요소로 마무리 능력(fit and finish)도 무시할 수 없다. 이는 제품의 성능과는 직접적인 관련이 없을지 몰라도, 소비자의 인식이라는 면에서 매우 중요하다. 소비자들은 성능을 직접 판단하기보다 제품의 마무리 능력을 보고 품질의 수준을 일반화하곤 하기 때문이다. 예컨대 버튼이 달그락거리고, 상표가 반듯하게 붙어 있지 않다거나, 플라스틱 케이스가 깔끔하지 않으면, 아무리 좋은 부품을 썼더라도 고품질로 평가받을 수 없다. 소비자들은 겉보기에 매끈하지 않으면, 즉 깔끔하게 마무리되어 있지 않으면 품질은 더 볼 필요도 없다고 생각한다. 사람들이 제품을 실제 사용해본 다음에 구매하는 것이 아니기 때문에 어찌 보면 실제 품질보다 소비자가 인식하는 품질이 더 중요할지 모른다. 이러한 사실을 기억하고, 아무리 작은 부분이라도 겉으로 보이는 요소에 세심한 주의를 기울여야 한다.

좋은 품질을 결정하는 세 번째 잣대는 '주변적 요소'로서, 제품 자체에 내재되어 있는 우수성은 아니지만, 그 품질을 가늠하게 해주는 요소들이다. 예컨대 디자인이 좋으면 더 우수한 제품으로 인식된다. 이제는 첨단 기술(high tech)과 이에 걸맞은 디자인(high touch)이 조화를 이루지 않으면, 아무리 성능이 좋아도 최고의 제품으로 평가받지 못한다.

좋은 디자인만큼이나 서비스 역량도 빼놓을 수 없다. 존 디어

John Deere의 농기구는 품질과 디자인도 좋지만 '세계 어느 곳이든 24시간 이내'에 부품을 제공하는 체제를 갖춤으로써 지금의 명성을 얻게 되었다. 어느 시골구석에 농장이 있더라도 단 하루 만에 부품을 공급하고야 만다.

프리미엄 브랜드의 꿈을 이루다

품질이 중요하다는 점은 주지의 사실이지만, 품질의 진정한 평가는 제품을 구입하고 써본 후에야 내릴 수 있다. 이 때문에 품질을 경쟁력으로 인정받는 데는 오랜 시간이 걸린다. 그 각고의 세월을 이겨내고 명품의 반열에 올라선 아우디가 지나온 과정을 되짚어본다.

아우디는 BMW를 제외한 모든 독일 자동차 그룹과 합병 경험이 있다. 달리 말하자면 바람 잘 날 없던 회사라는 말이다. 아우디가 기나긴 방황을 끝낸 것은 1964년, 폭스바겐 그룹 산하로 들어가면서부터. 우여곡절 끝에 재탄생한 아우디는 이때부터 착실하게 기술과 노하우를 쌓아나가기 시작했다.

1972년에 출시된 '아우디 80'은 아우디 브랜드를 각인시킨 결정적 차종이었다. 전륜구동 방식을 갖춘 80마력의 아우디 80은 '올해 최고의 유럽차(Europe Car of the Year)'에 선정되며 눈에 띄는 판매고를 기록했다. 이에 고무된 아우디는 1977년 새로 개발한 5기통 엔진으로 성능을 더 높인 '아우디 100'을 출시했다. 폭스바겐과 대동소이한 대중차에 불과하던 아우디가 프리미엄 브랜드 영역으로 진입을 꿈꾸게 된 것도 아우디 100과 같은 고급차 모델의 성공을 통해 자신감을 얻은 후부터다.

슬로건은 곧 기업의 철학을 반영한다. 일례로 벤츠는 "최고가 아니면 만들지 않는다(The best or nothing)"로서 명품을 강조한다. BMW는 "순수한 운전의 즐거움(Sheer driving)"을 내세우며 젊은 이미지와 운전의 재미를 유도한다. 그런가 하면 아우디는 "기술을 통한 진보(Vorsprung durch technik)"를 슬로건으로 하여 품질 향상에 역점을 두었다.

1970년대 혁신적 기술을 도입한 차량들을 연이어 선보인 아우디는 슬로건에 걸맞은 회사로 성장해나갔다. 아우디가 선보인 수많은 기술 중 가장 혁신적으로 꼽히는 것이 바로 사륜구동, 콰트로(Quattro)의 개발이다. 전통적으로 벤츠와 같은 고급차들은 모두 후륜구동을 고집한다. 자동차의 앞뒤 무게 균형을 50 대 50으로 맞출 수 있는 후륜구동은 코너링과 승차감이 모두 뛰어나기 때문이다. 반면 아우디는 1930년대부터 전륜구동 시스템을 사용해왔다. 전륜구동은 별도의 구동축이 필요하지 않아 제작비를 절감할 수 있는 장점이 있었지만, 주행 성능을 높이는 데는 한계가 있었다. 프리미엄 브랜드로 자리매김하려면 구동 방식의 변화가 불가피했다. 그래서 전륜구동 차량으로 얻은 명성을 과감히 내려놓고 기술개발에 매진한 결과, 아우디는 네 바퀴 모두에 동력을 전달하는 콰트로를 탄생시킬 수 있었다.

콰트로는 차량 성능을 높이는 데도 한몫했지만 후발주자로서

아우디 TT는 아우디에 대한 관심을 높인 결정적인 계기가 된다. 왜일까?

대중에게 아우디 브랜드를 각인시키는 데도 지대한 역할을 했
다. 실제로 아우디를 찾는 고객 중 많은 이가 '아우디＝콰트로'라
는 인식을 갖고 있으며, 심지어 콰트로를 아우디의 브랜드 명으
로 알고 있는 사람도 많다. 콰트로의 우수성은 여러 자동차 경주
의 성적으로 검증되기도 했다. 이로써 트럭이나 비포장 주행용
차량에나 걸맞다고 여기던 사륜구동에 대한 선입견을 극복하기
시작했다. 아우디는 그 외에도 TDI(직분사 터보엔진)와 100% 알
루미늄 차체 같은 속성을 남들보다 한발 앞서 도입하는 등, 기술
을 통한 진보를 이어나갔다.

　그러나 이것만으로 아우디가 프리미엄 브랜드가 된 것은 아니
었다. 1980년대에 이르면서 아우디가 전문가들로부터 품질을 높

게 평가받은 것은 사실이지만, 그렇다고 일반 대중이 곧바로 기술과 성능의 우수성을 인정하고 구매한 것은 아니었다. 아우디는 품질이 가속능력, 핸들링, 마력 또는 토크의 우수성만을 의미하는 것이 아님을 깨달았다. 일반 대중에게 변화를 가시적으로 보여줄 수 있는 것은 늘 그랬듯이 디자인이다.

1990년대 이후, 아우디는 네모로 각진 기존 차체를 둥근 형태로 변화시키며 자기만의 디자인 언어를 구사하기 시작한다. 이러한 흐름의 분수령이 된 것이 'TT 로드스터Roadster'다. 돔 형태의 곡선을 살린 디자인은 아우디에 큰 관심을 보이지 않던 젊은 고객들을 끌어들이기 시작했다. 기발함은 물론, 스포티하면서 럭셔리한 고급차의 이미지를 만들어간 것이다. 이처럼, 차별화를 성공시키려면 결정적 모멘텀(decisive momentum)의 기회를 마련해야 한다. 내부 구성원에게는 자신감을, 외부 고객에게는 변화를 가시화시키는 역할을 하기 때문이다.

세계적인 디자이너인 피터 슈라이어Peter Schreyer의 주도 아래, 그들은 TT를 개발하면서 새로운 차량 디자인에 대한 노하우를 차곡차곡 쌓아갔다. 더 나아가 자동차를 타고 있는 사람들에게는 움직이는 순간뿐 아니라, 도로 위에 멈춰 서서 시트 위에 가만히 앉아 있을 때 느끼는 감각도 중요하다는 점에 착안한다. 그래서 아우디는 실내 디자인의 완성도를 높이는 데도 편집증적인 열정을 쏟았다. 잉골슈타트에 자리한 아우디의 인간 감성 센터에서는 자동차와 사람이 교감을 나눌 수 있는 시스템까지도 진지하게 연구한다. 연구소는 크게 촉각팀과 후각팀, 청각팀으로 나뉘며, 엔진 사운드와 버튼 장치의 촉감, 차 내부의 향기 등에 관한 기술을 개발해 차량들에 적용한다. 예컨대 의자의 가죽이나 대시보드 나무의 질, 차 안에서 들리는 실외 소음, 진동 소리, 오디오 시스템 같은 것들이다.

2000년 이후 아우디의 행보를 대변하는 '감성 품질'이란 화두는 생산량 증대와 기술적 측면의 품질 향상에만 주력하던 다른 브랜드들이 기를 쓰고 따라잡아야 하는 과제가 됐다. 예를 들어 이들이 개발한 T형 센터페시아center fascia 디자인은 승용차 인테리어 디자이너들에게 교과서로 통한다. 이 밖에 환풍이나 오디오 시스템 위치 또한 아우디가 새로운 표준을 제시했다고 인정받는 부분이다. 디테일에 대한 아우디의 집착이 얼마나 대단한지 알 수 있는 대목이다.

좋은 품질을 만들고 프리미엄 브랜드로 인정받는 일이 하루아침에 이루어지지는 않는다. 아우디는 30년을 꾸준히 애쓴 끝에 이제야 열매를 거두고 있는 셈이다. 30년 전만 해도 미국에서 아우디의 별명은 '가난한 자들의 벤츠(Poor men's Mercedes)'였다. 품질은 쓸 만하지만 연금으로 생활하는 할아버지들이나 타는 차로 인식되었던 것이다. 그럼에도 품질 향상을 위한 노력을 그치지 않은 덕분에, 2010년대에 이르러 중국에서 모기업인 폭스바겐 그룹을 등에 업고 프리미엄 브랜드 1위를 차지하게 되었다. 중국의 고위 관리들이 가장 많이 타는 차도 검은색의 아우디라는 것이 이 사실을 입증한다.

독일의 3대 프리미엄 자동차 회사인 벤츠, BMW, 아우디는 경쟁을 통해 끊임없이 품질 향상을 위해 노력한 것으로 유명하다. 그중에서도 아우디는 대중 브랜드에서 프리미엄 브랜드로 전환한 드문 사례로 꼽힌다. 2000년대 초에 벤츠 판매량의 절반 수준이었던 아우디는 10년이 지난 후 벤츠보다 더 많이 팔리는 브랜드가 되었다. 조만간 판매 대수에서 BMW를 따라잡을지도 모르겠다. 뼈를 깎는 노력으로 이제 아우디는 누가 뭐래도, 절제된 디자인과 감성 품질로 자동차 업계를 리드하며 선두 기업들과 어깨를 나란히 하는 브랜드가 되었다.

'명성'을
창출할 자신이 있는가

    품질의 평가에 있어, 성능이 중요하다는 것은 두말할 필요도 없다. 그런데 한번, 머릿속에 좋은 품질로 이름난 브랜드들을 몇 가지 떠올려보라. 가령 자동차라면 무엇이 떠오르는가? 벤츠? 렉서스?

    자동차 전문 기술자들의 평가에 의하면, 렉서스가 코너링이나 정숙도 등의 기술적 품질이라는 척도에서 벤츠보다 우수하다고 한다. 그렇다면 시계는 어떤가? 롤렉스? 로만손? 롤렉스는 자동 태엽이라 해도 기계식이어서 디지털 시계인 로만손보다 정확도가 떨어진다.

    그런데 만일 로또에 당첨되어 갑자기 큰돈이 생겼다고 하자. 기쁨에 들떠서 가격에 구애받지 않고 자동차를 사러 간다면, 벤츠와 렉서스 중에서 무엇을 선택할까? 모르긴 해도 렉서스보다 벤츠를 살 가능성이 더 높다. 또한 가격을 신경 쓰지 않고 시계를 산다면, 롤렉스와 로만손 중에서 십중팔구 롤렉스를 고를 것이다. 기술자들은 렉서스가 더 우수하고 로만손이 더 정확하다고 평가할지 몰라도, 사람들은 성능의 우수성만을 따져서 구매하지 않는다. 1년에 몇 초의 오차보다 훨씬 더 중요한 것은 '이미지'다. 더구나 기술이 향상되어 웬만한 제품은 다 쓸 만한 지금, 이미지의 중요성은 날로 커지고 있다.

원래 '이미지'란 어떤 사람이나 사물로부터 받은 인상을 뜻하지만, 일반적으로 '뛰어난 명성을 가졌다'는 표현과 '이미지가 좋다'는 표현을 같은 의미로 받아들이므로, 여기서는 명성과 이미지란 말을 혼용해 쓰겠다.

"우리는 시간을 말해주는 기계를 파는 게 아니다"

스위스의 태그호이어TAG Heuer는 이미지의 위력을 여실히 보여주는 생생한 사례다. 호이어는 1860년대에 출발해 1920년대에는 올림픽 공식 측정시계로 선정될 만큼 기술 면에서 앞서가는 회사였다. 그러나 스위스 시계산업을 둘러싼 강력한 경쟁자들의 틈바구니에서 파산 지경에 이르는데, 다행히 사우디의 한 가족 재벌이 1986년에 매입하여 회생을 시도하였다. 사우디 소유자들은 지주회사인 TAG(Techniques d'Avant Garde)를 붙여 태그호이어라고 이름을 지은 후, 회사를 살리기 위해 부즈앨런Booz Allen 컨설팅 회사에 도움을 요청했다.

이때 자문역으로 파견되었다가 사장이 된 크리스티앙 비로스 Christian Viros라는 프랑스인에 의해 태그호이어의 이미지가 만들어진다. 엔지니어 출신인 비로스 사장은 파키스탄에서 댐을 건설하다가 컬럼비아 대학에서 MBA 학위를 받은 후, 꾸오바지에 코냑과 그리스 요구르트 제조회사에 대한 컨설팅을 수행한 사람이었다. 시계 회사에 고용되었지만 비로스 사장은 정작 시계에 대해 아는 것이 별로 없었다. 그러나 그것이 그의 강점이었다. 그는 시계 업계 사람들이 보지 못하던 마케팅적 핵심을 재빨리 간파했다. 그는 "우리는 시간을 말해주는 기계를 파는 것이 아니다. 우리는 이미지를 판다"라고 포부를 밝혔다.

하지만 자신만만한 말과 달리 애초 TAG의 이미지에는 내놓을 만한 것이 없었다. 이 회사의 시계들은 중간 가격대로, 스포츠 모델에서부터 화려한 모델까지 전반적인 모델을 망라하고 있었다. 광고 예산은 매우 적었고, 광고 문안은 국가마다 달랐다. 비로스 사장은 고심 끝에, 스포츠 모델을 제외하고는 기존의 시계를 모두 버리는 파격적인 전략을 취했다. 그리고 일관성 있는 스타일의 신제품을 만들기 위해 별도의 디자인 회사를 고용했다. 모든 TAG 시계에는 잠수하는 사람들을 위해 회전식 시간측정용 베젤(rotating bezel)이 부착되었고, 200m 깊이의 수압에도 끄떡없도록 설계되었다. 그러나 실제로 과연 얼마나 많은 이들이 잠수용 시계를 필요로 할까? "많지는 않습니다만, 샤워하는 동안은 안심할 수 있지요"라는 게 비로스 사장의 절묘한 답변이었다. 어쨌든 이 베젤 덕분에 시계의 외양은 프로페셔널하고 경쾌해 보였다.

한편 TAG는 스포츠를 주제로 하는 "성공은 마음가짐에 달렸다(Success. It's a mind game)"라는 슬로건과 함께 흑백 광고들을 제작해 전 세계에 동시에 전파하기 시작했다. TAG는 매출액의 17%를 광고에, 그리고 8%를 스포츠 이벤트를 후원하는 데 추가적으로 사용했다. 그럼에도 매출액의 25%에 달하는 세후 수익률을 보이며 매우 좋은 성과를 거두었다.

비로스 사장은 그동안의 경험을 통해 소비재의 '안전지대'는 사치품이거나 대량으로 마케팅하는 제품들이라는 사실을 깨달았다. 그는 사치품으로서의 시계 이미지를 선택했으며, TAG의 100~250달러짜리 모델들을 과감히 버리고 점차 비싼 모델로 이동했다. 아울러 싸구려 모델을 취급하는 소매점들도 유통라인에서 배제했다. 현재 태그호이어에서 가장 싼 모델은 2,000달러 수준이다.

TAG는 유행에 민감한 아시아에서 '태그호이어 스페이스TAG Heuer Space'라는 이름의 매장을 오픈해 시계 판매와 예술품 전시를 동시에 전개했다. 광고에서는 "압박감에 주눅 들지 마(Don't crack under pressure)"를 외치는 호날두를 위시해 세계를 주름잡는 각국의 카레이싱 영웅들, 도발적인 여배우 카메론 디아즈 등, 세계적인 유명인사들을 과감하게 동원하고 있다. 지금은 회사를 떠났지만, 느긋한 성격인 비로스 사장은 "우리는 하나의 명물이 되기를 원하며, 언젠가는 매출액이 TAG의 10배에 달하는 롤렉스를 따라잡기를 원한다"는 바람을 숨기지 않았다. 쉽지 않은 주문이기는 하나, 비로스 사장은 최소한 승리의 공식은 알고 있었다. 그것은 이미지, 이미지, 또 이미지인 것이다.

좋은 이미지는 결코 저절로 형성되지 않는다

한양대 경영학부의 예종석 교수는 음식문화평론가를 겸할 만큼 맛에 대해 일가견이 있다. 그에 의하면, 원래 '영광 굴비'란 전라도 영광군 법성포 앞바다에서 잡은 참조기를 그 지역 천일염으로 간해서 바닷바람에 두세 달 말린 것을 일컫는다고 한다. 그러나 법성포 앞바다에는 더 이상 조기 떼가 오지 않아서, 요즘은 목포 연안 혹은 저 멀리 중국이나 원양조업으로 잡아온 수조기와 백조기로 굴비를 만든다. 어디에서 잡힌 조기라도 영광군에서 말리면 '영광 굴비'가 된다는 것이다.

한술 더 떠서 요즘 굴비는 예전처럼 두세 달씩 말린 '건조 굴비'가 아니다. 냉장기술이 발달하고 사람들의 입맛이 바뀌면서 짜고 딱딱한 굴비를 찾지 않아 대충 소금 간을 하고 말린 시늉만 한 '간조기'가 굴비 행세를 하고 있다. 손으로 죽죽 찢어 고추장에 찍어 먹던 마른 굴비는 이제 찾아보기 힘들다. 그런데 영광 굴비가 뭐가 좋다는 건지, 그 맛이 어떠해야 하는지도 모르면서 사람들은 영광 굴비를 최고로 친다. '영광'이라는 이름이 주는 이미지 때문이다.

차별화를 위한 모든 노력은 '이미지'로 귀결된다. 이미지의 사전적 의미는 '개인, 기관, 상품 등이 대중에게 주는 인상'을 의미하지만, 마케팅에서 말하는 경쟁력으로서의 이미지란 '각 카테고리에서 누리는 최고의 명성이나 호감'이다. 벤츠는 자동차 카테고리의 최고봉에 있고, 롤렉스는 시계 카테고리의 정상에 있다. 정상에는 오르기도 어렵지만, 대신 정상을 한번 차지하면 진입장벽이라는 측면에서 넘보기 힘든 브랜드가 된다. 정상이라는 이미지 자체가 그 누구도 쉽게 넘볼 수 없는 차별화 수단인 셈이다.

'언젠가 기술력에 대한 진실이 밝혀질 것'이라고 생각한다면 무척 안이하고 어리석은 태도다. 마케팅이 달성해야 할 최상의 무기는 이미지 경쟁력이다.

마케팅 전쟁은 고객의 마음속에서 일어난다. 그런데 이미지 정상에 있는 제품을 쓰는 고객의 마음을 공략하려면 많은 시간이 소요될 뿐 아니라 다양한 장애 요소가 있다. 가령 고객과의 커뮤니케이션만 봐도, 제품의 메시지가 수백만 고객들에게 전해지기까지는 몇 달 혹은 몇 년이 걸릴 수 있다. 그사이에 정상에 있는 기업은 추격하는 기업의 메시지를 무력화할 충분한 시간적 여유를 갖게 된다. 추격하는 기업의 처지에서 새로운 유통망을 구축하는 일도 쉽지 않다. 더구나 이미지가 좋은 제품에 대해서는 사람들이 기꺼이 비싼 가격을 지불하려 하므로 더 좋은 부품과 재료, 값비싼 치장을 하여 공격을 무산시킬 수 있다.

오늘날 자동차의 기계공학적 측면은 더 발전할 여지가 크지 않다. 자동변속기나 사륜구동 등, 주요 기술(major breakthrough)은 이미 일반화된 지 오래다. 그럼에도 사람들은 벤츠나 롤렉스 같이 이미지 정상에 있는 기업의 기술은 더 앞서 있다고 믿는다. 쫓아가는, 공격하는 입장에서 '언젠가 기술력에 대한 진실이 밝혀질 거야'라고 생각한다면 무척 안이하고 어리석은 태도다. 이미지 경쟁력은 마케팅이 추구하는 최상의 무기다.

이미지에서 정상에 서면 '명품'이란 이름이 붙는다. 세계적인 명품그룹 LVMH는 이미지 관리를 잘해서 성공한 대표적 케이스다. 1980년대 유럽의 최고급 패션 브랜드들은 디자인에만 신경 쓰며 콧대 높은 경영을 하다가 서서히 쇠락의 길을 걸었다. 아무리 멋진 디자인이나 기술이라도 마케팅과 결합해 적극적으로 이미지를 인식시키지 못하면 상품의 가치를 인정받기 어려운데, 그 점을 간과한 것이다.

LVMH 그룹을 이해하려면 베르나르 아르노Bernard Arnault 회장에 대한 이야기를 빠뜨릴 수 없다. 그는 프랑스 북부의 사업가 아들로 태어났으며 어릴 적부터 똑똑하다고 소문난 수재였다. 프랑스 명문대학 에콜 폴리테크니크를 조기 졸업한 그는 아버지 사업을 이어받아 건설 및 부동산 사업에 뛰어든다. 그러나 1981년 사회당 출신의 프랑수아 미테랑이 대통령에 선출되자, 자유분방한 그의 성향과 맞지 않는다며 돌연 미국으로 떠난다. 그리고 미국에 머물면서 미국식 마케팅에 눈을 뜨게 된다.

그는 1987년 프랑스로 돌아와 가족경영으로 유지되던 명품 브랜드들을 하나씩 인수해 LVMH를 창립했다. 유럽의 명품에 '미국식 이미지 마케팅'을 접합해 세계 최고의 명품 브랜드 그룹을 탄생시킨 것이다. 현재 LVMH는 루이비통, 펜디, 겐조 등 패션 브랜드뿐 아니라 드비어스, 쇼메이 등의 보석류와 헤네시, 모에샹동 등의 주류를 포함한 명품 브랜드 60여 개의 소유주로, 전 세계 1,900여 개의 매장에서 해마다 150억 유로(약 21조 원)가 넘는 매출을 올리고 있다. 그가 브랜드 이미지 구축에 쓰는 비용은 매출의 15% 이상이며, 전 세계에 유통망을 구축한 덕분에 어디에서나 LVMH를 접할 수 있다.

품질이 좋아야 하는 건 맞지만, 품질의 우수성이 곧 성공을 보장하지는 않는다는 것이 바로 마케팅의 불편한 진실이자 묘미다. 혹자는 질 좋은 제품을 만들다 보면 시나브로 이미지가 좋아지는 것 아니냐고 생각할 수도 있다. 그러나 반드시 그런 것은 아니다. 좋은 이미지를 만들려는 끊임없는 노력이 필요하다.

권위 있는 시사주간지 〈타임TIME〉을 보면 거의 매번 빠지지 않고 나오는 광고가 있다. 바로 롤렉스의 광고다. 금줄로 된 롤렉스는 가격이 최소 2만 달러가 넘는, 매우 고가의 제품이다. 이 잡지를 보는 사람들 가운데 이렇게 비싼 시계를 살 수 있는 사람이 얼마나 될까? 극히 일부일 것이다. 그럼에도 롤렉스가 〈타임〉에 그토록 열심히 광고를 내는 이유는 무엇일까?

만일 롤렉스가 그 시계를 구매할 능력이 있는 사람들을 대상으로 일부 고급 잡지에만 광고를 낸다면, 롤렉스가 그렇게 좋은 제품인지 많은 사람들이 어떻게 알겠는가. 아무리 명품 브랜드라도 내가 쓰는 제품이 얼마나 좋은 것인지 다른 사람들이 알아보지 못하면 무슨 소용이 있겠는가. 남들이 알아봐줄 때 제품을 쓰는 사람의 심리적 만족감과 긍지가 높아진다. 오늘날 롤렉스가 명품 시계의 최고 자리를 지킬 수 있는 것은 이처럼 부단히 이미지 관리를 해왔기 때문이다.

서울 한남동에 가면 JOH에서 운영하는 레스토랑 '세컨드 키친'이 있다. 그들은 레스토랑을 준비하던 중, 잘 드러나지 않는 곳까지 신경 썼다는 느낌을 주고 싶어서 화장실에 두기에는 다소 비쌀 수 있는 에이솝Aesop의 물비누를 구입했다. 그런데 에이솝을 끼울 전용 거치대가 필요해서 알아보다가 조금 황당한 이야기를 들었다고 한다. 그 거치대를 사려면 호주에 있는 에이솝 본사에, 어디에 쓸 것인지 미리 사진을 보내서 허락받아야 한다는 것이다. 작은 에피소드지만, 물건을 더 많이 팔기보다 자기만의 기준을 고수하는 깐깐한 에이솝의 단면을 엿볼 수 있다. 이미지 관리 방식은 롤렉스와 다르지만, 이들 모두에게서 일관되게 느껴지는 것은 품질이 좋다고 해서 이미지가 저절로 형성되는 것은 아니라는 사실이다.

독일 고급 가전의 명가, 밀레Miele의 라인하르트 진칸Reinhard Zinkann 회장은 중앙일보와의 인터뷰에서 "삼성이나 LG를 존경하지만, 명품 브랜드가 되기는 힘들 것"이라고 말한 바 있다. 품질

에이솝 물비누의 거치대를 사려면 어디에 설치할 것인지
본사에서 허락을 받아야 한다. 도대체 성가시게 하는 이유가 뭔가?

이나 디자인이 좋아도 어느 가정에서나 쉽게 볼 수 있거나, 프리
미엄 제품과 보급형 제품을 함께 다루는 브랜드는 결코 명품 이
미지를 갖지 못할 것이라는 게 이유다.

그의 말은 일리가 있다. 명품의 이미지는 절제에서 나온다.
유럽 명품이라 주장하며 한국에 진출한 브랜드 중에는 의외로
실패로 끝난 경우가 많다. 품질이 뒤떨어져서는 결코 아니다. 그
보다는 매출실적을 올리기에 급급해 판촉행사 등을 자주 하다
보니 "개나 소나" 다 들고 입고 다니게 됐기 때문이다. 그런 제
품이 어떻게 명품으로 보이겠는가. 다시 말하자면 이미지는 좋
은 품질에 바탕을 두지만, 시장을 넓히고자 하는 유혹을 '절제'하
는 데서 나온다.

1976년 5월 26일, 파리의 한 와인가게에서 스티브 스페리어라는 영국계 주인이 와인계의 유명인사들을 초대해 와인 시음회를 가졌다. 프랑스와 미국 와인 10병씩 가져다놓고 블라인드 테이스팅을 실시한 결과, 레드와인 부문에서는 카베르네 소비뇽 품종의 1973년산 스태그스립 와인셀러가, 화이트와인 부문에서는 샤르도네 품종의 1973년산 샤토 몬텔레나가 1위를 차지했다.

놀랍게도 두 종류 모두 미국 캘리포니아 와인이었다. 〈타임〉의 프랑스 주재원이 마침 이 사건(?)을 취재해 '파리의 심판'이라는 제목의 기사를 송고했다. 와인 종주국인 프랑스의 자존심에 상처를 입힌 놀라운 기사가 나가자, 정오가 되기도 전에 시음회에서 승리한 와인은 동이 나버렸다. 와인 애호가들의 폭발적 관심을 끌었던 이 사건은 미국 와인의 품질이 프랑스 와인보다 낫다는 것을 확실히 증명했다.

그렇다면 그로부터 40년이 지난 오늘날, 과연 미국 와인이 프랑스 와인보다 우수하다고 인정받고 있을까? 글쎄다. 이 사건이 '와인계의 민주화'를 이끌긴 했지만, 명품 와인이라는 이미지에서는 여전히 미국이 프랑스 와인의 명성을 따라잡지 못하고 있다. 왜일까? 프랑스가 오랜 세월 쌓아온 이미지 때문이다. 프랑스 와인의 명성은 품질이 좋다는 이유로 저절로 생긴 것이 아니다. 생산연도별, 지역별 등급 관리를 철저히 하며 오랜 세월에 걸쳐 '문화'를 브랜드화했기 때문에 오늘날의 명성을 얻은 것이다. 오랜 노력 끝에 갖게 된 좋은 이미지는 누구도 침범하기 어려운 진입장벽이 된다.

아이폰을 만드는 애플은 결코 반도체 칩이나 액정화면 기술에서 앞서가는 회사가 아니다. 다만 기술을 편집하는 능력으로 앱의 사용을 비롯한 새로운 문화를 창출함으로써 세상을 지배하고 있다. 스티브 잡스가 하던 말을 되뇌어보자.

"기술만으로 충분하지 않다는 생각이
애플의 DNA에 자리 잡고 있습니다.
기술이 인문학과 결합했을 때
우리의 가슴을 뛰게 하는 결과를 낳지요.
It's in Apple's DNA that technology alone is not enough.
It's technology married with liberal arts and the humanities
that yields us the result that makes our heart sing."

기술이 왜 인문학과 결합해야 하는가? 그래야 새로운 문화를 창출할 수 있기 때문이다. 문화를 창출하지 않는 기술은 단순한 테크놀로지, 그 이상도 이하도 아니다. 오늘날 기술은 쉴 새 없이 발전하고 품질은 평준화되어가고 있기에 기술적 우위만으로는 강자의 자리를 보장받을 수 없다. 하지만 내가 만든 고유의 문화와 습관에 길들여진 소비자는 쉽게 떠나지 않는다.

생텍쥐페리의 《어린왕자》를 보면, 여우가 어린왕자에게 "나에게 너는 수많은 다른 소년들에 지나지 않아. 그래서 난 너를 꼭 필요로 하지 않지. 하지만 네가 나를 길들인다면, 너는 나에겐 이 세상에 오직 하나밖에 없는 존재가 될 거야"라고 말하는 대목이 나온다. 마찬가지로 사람들을 길들일 수 있다면, 즉 우리 브랜드를 사용하는 것이 새로운 습관이 되고 결과적으로 사람들의 생각과 라이프스타일을 바꾸게 되어 하나의 문화로 자리 잡는다면, 그 진입장벽이야말로 더없이 높은 경쟁력이 될 것이다.

잠깐 뜨고 지는 브랜드는 많다. 이제 시대를 대표할 만한 문화적 현상을 주도하여 문화의 아이콘으로 남지 않고는 살아남기 힘든 것이 현실이다. 뛰어난 제품을 만드는 것도 중요하지만, 궁극적으로 사람들에게 어떠한 문화를 만들어줄 것인지를 곰곰이 생각해보라. 그것이 가장 훌륭한 제품이자 침범할 수 없는 이미지 경쟁력이다.

> 사람들을 길들일 수 있다면, 즉 우리 브랜드를 사용하는 것이 새로운 습관이 되어 하나의 문화로 자리 잡는다면, 그 진입장벽이야말로 더없이 높은 경쟁력이 될 것이다.

예전에 제국주의가 세상을 휩쓸었을 때, 그들은 식민지에 자신의 법률과 라이프스타일을 이식해 생활을 지배하고자 했다. 일찍이 알렉산더 대왕도 그의 스승인 아리스토텔레스에게서 "일단 힘으로 땅을 정복하고, 문화로 정복을 유지하라"는 말을 듣고 원정에 대규모의 학자들과 함께하지 않았던가. 나폴레옹도 원정에 나설 때면 알렉산더를 흉내 내서 학자들을 대동하곤 했다. 오랫동안 영국의 식민 지배를 받은 인도인들 중에는 "영국의 지배가 더 길었더라면 인도가 더 발전할 수 있었을 텐데"라고 공공연히 말하는 이들이 적지 않다. 언어를 비롯해 생각, 심지어 애프터눈 티afternoon tea를 즐기는 생활문화까지 길들여졌기 때문이다.

　오늘날에는 19세기와 같이 군대를 앞세운 식민주의는 없을지라도, 문화로 길들이며 문화제국을 만들어가는 현상은 그 원리가 다르지 않다. 기업 최고의 경쟁력은 소비자를 우리 브랜드 문화에 길들이는 것이다.

　차별화된 좋은 제품을 만들고도 브랜드 문화에 관심을 갖지 못해 무릎 꿇은 기업들도 적지 않다. 단적인 예가 소니다. 2014년 1월, 새해의 시작과 함께 소니의 워크맨이 생산 중단을 선언하며 역사 속으로 사라졌다. 1970년대 말에 등장한 워크맨은 사람들의 음악 듣는 방식을 완전히 바꿔놓았다. 커다란 오디오로나 들을 수 있었던 음질의 음악을 길을 걸으면서도 즐길 수 있게 한 것이다. 소니는 이에 그치지 않고 비디오카메라와 CD까지 소형화함으로써 사람들의 삶에 재미를 더했다. 이렇게 새로운 라이프스타일을 창출해 시장을 장악하고도, 안타깝게도 그들은 자신들이 왜 세상을 지배했는지를 파악하지 못했다.

　소니는 특허기술을 독점한 것이 성공의 비결이라 착각한 나머지, 그 후부터 기술력만 믿고 경박단소輕薄短小 전략을 뽐내며 미니디스크, 전자책 등을 줄줄이 밀어붙인다. 결국 나름의 문화를 새롭게 발전시키거나 라이프스타일을 정착시키지 못한 소니는 날개 없는 추락을 계속하고 있다. 그들은 기술이나 품질 면에서는 세계 정상에 올랐지만, 세상을 정복하지 못했다. 우리를 돌아보자. 이것이 어디 일본 기업만의 딜레마일까.

착한 기업이 강한 기업이다

이미지 경쟁력을 가지려는 기업이 진정한 관심을 가져야 할 또 하나의 포인트는 사회적 책임이다. 김명호 교수의 저서 《중국인 이야기》에는 근대 중국의 역사가 소설처럼 흥미진진하게 묘사되어 있다. 김 교수는 10여 년간 극도의 혼란을 야기한 문화대혁명의 주역 4인방이 마오쩌둥毛澤東 사망 이후 체포되던 순간을 묘사하며 다음과 같이 말했다.

"권력과 금력처럼 허망한 것도 없다. 아무리 망할 것 같지 않아도, 인심을 잃으면 망하는 건 하루아침이다. 4인방도 그랬다."

기업도 마찬가지다. 아무리 품질 좋은 제품을 만들어도 인심을 잃으면 사람들이 등을 돌리는 것은 한순간이다. 특히 우리나라 국민들은 기업에 대해 이상하리만치 적대감이 강하다. 홍보를 전문으로 컨설팅하는 에델만Edelman은 정부와 기업에 대한 신뢰도 조사(trust barometer)를 해왔다. 그들이 2014년에 발표한 자료에 따르면, 한국인의 기업에 대한 신뢰도가 31%(전 세계 평균 58%)로 26개 조사국 가운데 최하위를 기록했다고 한다. 승승장구하다 사소한 일로 인심을 잃는 순간, 하루아침에 '횡포'라는 이름 아래 단죄되는 일도 흔하다. 그러므로 특히 우리나라에서는 소비자들의 호감을 얻는 데 평소 많은 주의를 기울여야 한다.

기업에 호감을 갖도록 하려면, 내외부의 모든 사람들과 더불어 살아간다는 마음가짐을 보여야 한다. 즉 고객은 말할 것도 없고, 일차적으로는 기업 '내부'의 구성원들에게 관심을 기울여야 한다. 기업이 구성원의 안녕과 복지 향상에 각별한 관심을 기울인다는 평을 들어야 명성이 쌓인다. 대한항공의 조현아 부사장이 내부 직원에게 고압적으로 대한 것이 알려지면서 국민의 공분을 산 것처럼, 구성원에 대한 배려나 CEO의 도덕적 태도는 기업의 이미지에 막대한 영향을 미친다.

　그다음 관심의 범위는, 기업 '내부'의 구성원과 '외부'의 고객에서 한걸음 더 나아가 '일반 대중(public)'으로까지 확장된다. 즉 자신의 제품을 구매하지 않는 일반인에게까지 관심을 가져야 한다. 기업의 사회적 책임이 핵심가치로 주목받는 오늘날, 소위 '착한 기업'으로 인정받는 것은 매우 중요하다.

　대전의 성심당은 전국적으로 유명한 빵집이다. 대전역에는 기차를 타기 전에 성심당 빵을 사가려는 고객들이 늘 장사진을 이룬다. 빵집의 하루 매출이 300만 원이면 나쁘지 않은 성적인데, 성심당은 하루 매출이 2,000만 원을 넘는다고 하니 그 인기를 짐작할 수 있다.

　그렇다면 이 빵집이 그토록 각별한 인기를 끄는 이유는 무엇일까? 우선, 1956년부터 시작하였으므로 60년의 역사를 자랑한다. 그러나 태극당을 비롯하여 더 오래된 빵집도 꽤 있다. 튀김소보로나 부추빵 같은 차별화된 제품은 정말 독특하고 맛있다.

그러나 다른 빵집에도 그들 나름의 차별화된 제품이 있다.

사람들이 성심당을 더욱 좋아하게 된 것은, 개업 초기부터 그날 팔고 남은 빵을 고아원과 양로원, 탈북자, 일용직 노동자 등에게 꾸준히 나누어주었다는 미담이 알려지면서부터다. 성심당은 늘 예상 매출량보다 일부러 넉넉하게 빵을 만들어 왔다고 한다. 특히 유교사상이 남아 있는 우리나라에선 '착한 기업'이 꽤 먹히는 데다, 제품 간의 격차가 줄면서 이왕이면 '착한' 소비에 지갑을 열겠다는 이들이 늘어나고 있다.

차세대 마케팅은 사회와의 융합을 꾀해야 한다. 앞으로 기업은 하나의 인격체처럼 취급될 것이므로, 소비자 복지, 과소비 억제, 환경문제, 마케팅 관리자의 의무 등을 진지하게 고려해야 한다. 마케팅을 기업의 관점에서 따로 떨어뜨려놓고 생각할 것이 아니라, 사회와의 상호관계를 고려하면서 인간적인 대화를 모색해야 할 것이다.

사회 전체의 이익을 염두에 두면 자연히 기업의 관심분야와 전략은 달라질 수밖에 없다. 가령 개인의 편의를 위해 캔 음료를 만들기보다 그 캔을 어떻게 처리하느냐에 더 관심을 갖게 된다. 또한 공해를 추방하기 위해 소비자들에게 간혹 더 비싼 가격을 치르게 할 수도 있다. 계몽적인 판촉과 사회비용을 절감하는 방향으로 절약적인 유통이 늘어나는 것은 자연스러운 수순이다.

넓게 보면 이 지구 위에 사는 모든 지구인이 함께 보존해야 할 자연환경에 대한 가치관은 기업이나 사회, 정부가 모두 공유해야 할 점이다. 더 나아가 정부의 손에만 맡기기엔 불만이 커져만 가는 사회적 약자에 대한 관심 등, 인류가 공유해야 할 사회적 가치를 기업의 경제적 가치와 결부시킨 새로운 공익적 가치를 염두에 두고 기업경영을 할 시기가 도래하였다.

그래서 환경문제를 함께 고민하는 녹색성장(green growth), 구매가 기부가 되는 코즈 마케팅(cause marketing) 등은 이러한 맥락의 연장이자 거부할 수 없는 시대적 흐름이다. 그런 만큼 '기업의 사회적 책임(CSR : Corporate Social Responsibility)'은 물론, 기업을 둘러싼 다양한 관계자들의 이익까지 고려하는 '공유가치의 창출(CSV: Creating Shared Value)'에 적극적인 관심이 요구된다. 이미지를 경쟁력으로 삼으려는 기업에게는 더욱 그렇다.

어떤 형태의 사회공헌 활동이든 가장 유의할 점은 '진정성'을 갖고 임해야 한다는 사실이다. 단순히 외부에 보여주기 위해서, 또는 제품을 팔기 위해서 활동을 한다면, 똑똑한 소비자들이 금세 알아차리게 되어 있다. 기업이 공익적 활동을 위해 순수하게 지출하는 비용보다 홍보하는 비용이 더 많다든지, 형식적으로 마지못해 하는 경우는 오히려 안 하느니만 못한 결과를 낳을 것이다.

내 브랜드를
무엇으로 띄울까

　'유해하다'는 어원을 가진 말리뇨Maligno라는 프랑스 와인의 라벨에는, 아예 괴기스러운 악마의 모습이 그려져 있다. 사실 이 그림의 스토리가 흥미롭다. 유럽을 공포에 떨게 한 흑사병의 저주를 막기 위해 악마를 그려 넣은 와인 병을 주고받는 풍습에서 아이디어를 얻었단다. 이 와인이 풍기는 독특한 후추향과 라벨의 괴기스러운 그림이 제법 잘 어울려서 사람들에게 그런대로 알려지게 되었다.

　이태원의 수제 버거 전문점인 자코비스Jacoby's의 명물은 단연코 '내장파괴버거'다. 두 겹의 두터운 패티 사이에 치즈 3장과 구운 양파, 토마토, 칠리소스를 넣어주는 이 버거의 양은 위장이 파괴될 만큼 어마어마해서 이런 이름이 붙었다고 한다. 보기만 해도 무시무시하게 거대한 이 햄버거는 소문을 듣고 멀리서 찾아온 사람들 때문에 먹으려면 기나긴 줄에 합류해야 한다.

말리뇨나 자코비스는 사람들의 관심을 끄는 기발한 차별화 제품임이 틀림없다. 그런데 이들이 얼마나 큰 브랜드로 성장할지 궁금하다. 차별화 성격이 강한 제품은 니치마켓niche market에서 시작한다. 이런 제품이 시장을 장악하는 브랜드가 되기도 하지만, 많은 경우 아무도 모르는 사이에 사라진다.

즉 차별화로 화제가 되는 제품이라도 일정한 궤도에 올릴 강력한 추진 동력이 없으면, 시장에서의 퇴장은 시간문제다. 브랜드를 궤도에 올릴 수 있는 경쟁력은 다섯 가지, 즉 가격, 가성비, 기능, 품질, 명성이다. 이 중에서 무엇을 우리 기업의 차별화 동력으로 삼을지는 각 기업이 보유한 자금동원 능력, 기술개발 능력, 이미지홍보 능력 등의 역량과 자원에 따라 달라진다.

일반적으로 저가격보다는 높은 가성비가, 가성비보다는 독특한 기능이, 기능보다는 좋은 품질이, 품질보다는 뛰어난 명성이 진입장벽(entry barrier)이 높다. 다시 말해 명성으로 차별화하기가 가장 어렵지만, 한번 경쟁력을 가지면 그 효과는 무엇보다 지속적이다.

이런 관점에서 차별화는 '유지적' 차별화와 '발전적' 차별화로 나누어볼 수 있다. 유지적 차별화란 다섯 가지 우위 중 하나를 정해 그것을 지속적으로 추구하는 방식이다. 가령 앞서 얘기한 자라의 경우는 세월이 흘러도 계속해서 가성비 차별화를 추구할 것이다.

반면 발전적 차별화란 가격 경쟁력에서 출발해 점차 진입장벽을 쌓아가는 방식이다. 예컨대 삼성전자는 가성비 경쟁력을 주된 추진력으로 삼아 시작했지만, 점차 기능에서의 우위, 품질에서의 우위를 넘어 이제는 명성에서의 우위를 넘보고 있다.

어떤 방향을 택할지는 그 기업의 철학과도 밀접한 관련을 갖는다. 그렇다면 이러한 차별화를 추진하기 위해 가격, 가성비, 기능, 품질, 명성 중에서 어떤 추진 동력을 활용할지 다시 한 번 점검해보자.

차별화의 다섯 가지 경쟁력

가격 경쟁력 : 1,000~2,000원 짜리 물건들을 파는 초저가 매장 '다이소'의 연매출이, 2014년 말에 1조 원을 넘었다. 그 외에도 '에코마트'나 '해피 1000' 등, 소위 1000원숍 초저가매장의 매출이 꾸준히 오르고 있다.

물건을 싸게 사서 싫어할 사람은 없다. 시장에는 돈을 절약하고 싶은 사람이 늘 있기 마련이다. 저가격 전략(low-price strategy)의 가장 큰 장점은 저가격 시장이 항상 존재한다는 점이다. 하지만 가격을 낮추고도 이익을 남기는 것이 그다지 쉽지는 않다. 결국 원가(cost)를 절감해야 하는데, 소비자들이 잘 알아차리지 못하거나 별로 관심을 두지 않는 부분에서 절약을 꾀해야 한다. 반드시 필요하지는 않은 군더더기를 없애는 전략이다.

대표적인 사례가 앞에서도 설명하였던 피플 익스프레스다. 이 항공사의 요금은 다른 항공사의 3분의 1 수준이다. 마치 시외버스를 타듯이 공항에 줄을 서서 기다려서 타야 하고 일체의 기내 서비스가 없으므로 불편할 수밖에 없지만, 저가요금은 많은 여행자들에게 매력적이다.

가격을 낮추는 전략은 누구나 쉽게 택할 수 있을 것 같아도 '판매량 극대화 능력(volume maximization)'과 '원가절감 능력(low cost)', 두 가지를 모두 갖추지 못하면 실패는 시간문제다. 적당히 싼 가격에 판매하는 전략으로는 오래 버티기 어렵다. 월마트처럼 '매일 저렴한 가격'으로 승부하려면 엄청난 시스템과 운영의 노하우가 뒷받침되어야 한다. 피플 익스프레스도 저가격 정책을 꾀하며 인기를 끌었지만, 결국 사업을 접지 않았던가.

가성비 경쟁력 : 가격만으로 승부하기 힘들다면, 가격 대비 가치(value for money)를 추구할 수 있다. 저가격 전략은 진입장벽이 낮아 누구나 쉽게 넘보므로, 출혈경쟁을 피해 적절한 품질을 추구하는 것이다. 명품 수준의 품질은 아니어도 '쓸 만한 품질에 비해 가격이 저렴하다'면 나름대로 가치(value) 있는 제품으로 인식되어 차별적 우위를 갖게 된다. 일회용 제품 시장의 선두인 '빅'이나 앞선 패션을 저렴한 가격에 판매하는 SPA 브랜드들이 이에 해당한다. 이 기업들에 필요한 것은 생산의 '효율성'과 시장 반응에 대한 '민첩성'이다.

저가 전략을 구사하는 대부분의 회사들은 시장의 한계에 부딪히면 조금씩 기능을 추가해서 시장의 크기를 키우려고 한다. 그러나 '철학적 가치관' 없이 어중간한 기능만 내세워서는 사람들이 그만한 가치를 느끼지 못하기 때문에 자칫 기존의 시장마저 빼앗길 수 있다. 3,300원짜리 화장품으로 시작한 미샤는 초저가 시장에서 선풍적인 인기를 끌었으나, 조금씩 품질 수준을 높이고 가격대를 올리면서 오히려 소비자에게 외면당하기도 했다. 이와 반대로 앞에서 언급한 펭귄북이나 이케아, 무인양품 등은 사명감에 가까운 철학적 가치관으로 자기만의 가성비를 보여주고 있다.

기능 경쟁력 : 남들이 갖지 않은 독특한 기능(F&B : features & benefit)이 있다면, 이 또한 차별적 요소가 된다. 오늘날은 기술이나 아이디어의 전파 속도가 빨라서 독특함을 오래 유지하기가 쉽지 않지만, 소비자의 머릿속에 독특한 기능을 한발 먼저 각인시키면 나름의 차별성을 가질 수 있다.

'천연암반수'라는 특징으로 OB맥주의 아성을 무너뜨렸던 하이트나 '안전'을 각인시킨 볼보, '물에 뜬다'는 특징으로 순수함을 표방한 아이보리 비누 등, 수많은 제품들이 독특한 기능을 먼저 주장하여 우위를 장악했다. 이제는 다른 맥주도 천연암반수를 쓰고, 다른 자동차도 안전에 신경을 쓰며, 물에 뜨는 비누도 많아졌지만, 이들은 소비자에게 차별성을 먼저 인정받은 덕분에 시장에서의 우위를 점할 수 있었다. 이런 경쟁력을 가지려면 시장에 대한 예리한 통찰력으로 소비자들에게 어필할 수 있는 '아이디어'를 창출하는 능력이나 남보다 한발 앞선 '선진기술(advanced technology)'이 있어야 한다.

품질 경쟁력 : 한두 가지 특징이 아니라 전반적인 품질에서 우위를 갖추면 강력한 진입장벽을 얻는다. 히틀러가 독일의 3대 자랑거리로 내세우는 게 있었으니, 바로 독일의 국민차로 불리던 폭스바겐 비틀, 고속도로 아우토반, 그리고 라이카Leica 카메라였다고 한다.

일전에 강남에서 열린 라이카 카메라 전시회에 갔다가 끝도 없이 늘어선 줄을 보고 놀란 적이 있다. 이렇듯 라이카가 인기와 선망의 대상이 된 것은 놀라운 품질 때문이다. 20세기의 역사적 순간을 담은 사진은 대부분 라이카로 찍었다고 해도 과언이 아니다. 저명한 종군 사진작가인 로버트 카파Robert Capa는 "라이카로 찍은 사진을 보고 있노라면 마치 화약 냄새가 나는 것 같다"고 말했다. 20세기 최고의 사진작가라 할 수 있는 앙리 까르띠에 브레송Henri Cartier Bresson도 "내가 소유하고 있는 라이카 카메라는 내 눈의 연장이다. 나는 그 사진기를 발견한 이후로 그것과 떨어져본 적이 없다"라며 극찬하기도 했다.

이런 신뢰가 하루아침에 만들어졌겠는가. 그들의 기술 수준은 말할 것도 없고 제조과정만 보더라도 감동 그 자체다. 예컨대 라이카 렌즈 하나를 만들려면 100여 단계의 공정을 거쳐야 하는데, 거의 모두가 수작업으로 이루어진다. 검수 과정만도 60단계가 넘는다고 하니, 라이카의 편집증적인 품질 우선주의를 짐작할 수 있다. 렌즈 유리를 닦는 작업에서부터 반사 방지막을 코팅하고, 재질이 다른 유리들을 접합한 후 일련번호를 새겨 넣기까지 장인의 손길이 닿지 않는 것이 없으며, 렌즈를 마운트에 조립해 넣는 과정에는 상당히 숙련된 기술이 요구된다고 한다. 깊은 색감과 날카로운 초점의 사진을 찍어내는 라이카는 다른 카메라에서 느낄 수 없는 매력을 뿜어낸다. '탁월한 기술력'은 물론 '누적된 경험'과 노하우 없이는 이룰 수 없는 경쟁력이다.

명성 경쟁력 : 명성/이미지는 일시적 유행(fad)에 따라 하루아침에 급격히 만들어지기도 하지만, 오랜 세월 동안 보고 들으며 서서히 생긴 명성일수록 그 힘이 강하다. 또한 품질의 평가기준이 인지적이고 논리적인 데 비해 이미지에는 감성이 개입되기에, 좋은 이미지를 가진 브랜드에 대해서는 감정적인 애착이 생긴다.

이미지 경쟁력에서 타의 추종을 불허하는 좋은 품질은 반드시 갖춰야 할 필요조건이지만, 충분조건은 되지 못한다. 단순히 좋은 수준을 넘어서 '새로운 문화를 창출하는 능력'이 있어야 한다. 일본의 시계들이 스위스 시계의 품질에 못 미칠까? 아니, 조금도 뒤지지 않는다. 그러나 스위스가 수백 년 동안 쌓아온 정밀기

계산업 역사의 장벽은 결코 넘지 못했다. 이미 형성된 이미지를 부수고 들어가는 것은 너무나도 힘들다. 그렇게 갖은 노력을 해도 렉서스가 세계 최고 명차의 반열에 들지 못하는 것은 문화 이미지를 창출하는 능력이 부족했기 때문이라고 본다.

앞에서 지적했듯이 소니가 세계 최고 품질의 전자제품들을 만들고도 무너진 것은 문화를 곁들이지 못했기 때문이다. 반면 애플이 오늘날의 반열에 오른 것은 품질관리를 잘해서만이 아니라 그들 나름의 독특한 문화를 창출하는 능력이 있기 때문이다. 애플이 신제품을 내놓을 때마다 한국의 언론매체들은 "혁신은 없었다"는 식의 비판성 기사를 쓰기 바쁘지만, 그럼에도 소위 '애플빠'들은 아랑곳하지 않고 신제품을 사러 줄을 선다. 애플 마니아가 아닌 이들 눈에는, 디자인에 큰 변화도 없고 괜히 비싸기만 한 제품에 왜 그렇게 열광하는지 알다가도 모를 일이다.

이미지는 논리성이나 경제성을 넘어선다. 특정 공식이 있는 것도 아니다. 이는 오로지 소비자들의 심리에 기인한다. 그러기에 기업이 원하는 방향으로 순식간에 만들어내기도 쉽지 않다. 사람들을 매료시킨 애플의 차별성은 단순히 기술력만이 아니라 디자인 등 다양한 요소를 포함한 독특한 스타일과 문화에 있다. 이런 점에서, 잘 형성된 이미지야말로 경쟁자가 가장 흉내 내기 힘든 차별성이라 하지 않을 수 없다.

기업의 최대 목표가 이윤 추구인 것은 누구도 부인할 수 없는 사실이다. 그러나 이제 기업은 고객을 착취해 이득을 취하

〈다섯 가지 경쟁력별 요구되는 능력〉

경쟁력	필요한 능력
저가격	'원가절감력'과 '판매량 극대화'
가성비	'효율성'과 '철학적 가치관'
기 능	'아이디어'와 '신기술 개발력'
품 질	'탁월한 기술력'과 '누적된 경험'
명 성	'문화 창출력'과 '호감 생성력'

는 것이 아니라, 고객에게 만족을 주면서 서로의 이익을 모색하는 존재로 인식되어야 한다. 미국의 유력한 경제지 〈포춘Fortune〉이 해마다 선정하는 우수 기업의 명칭을 보라. 그 명칭은 'super-excellent corporations(초우량기업)'이 아니라 'the most admired corporations(가장 칭송받는 기업)'이다. 어쩌면 이제 기업이 궁극적으로 지향해야 할 목표는 'admiration(경탄, 존경, 칭송)'이 아닐까?

지금까지 차별화를 추진하는 데 필요한 다섯 가지 동력을 살펴보았다. 위의 표는 각각의 경쟁력과 그에 필요한 능력을 요약한 것이다. 당신의 기업은 어떤 핵심 역량을 갖고 있는가? 스스로 진단해보기 바란다.

　연습 삼아 지금 머릿속에 필기구든, 시계든, 음식점이든, 패션 상품이든 하나를 떠올려보자. 그리고 그 제품의 카테고리에서 ① 이미 시장을 지배하고 있는 선도 브랜드(leading brand)보다 더 낮은 가격으로 판매할 수 있을지, ② 선도 브랜드에서 반드시 필요하지는 않은 기능을 제거하거나, 쓸데없이 비싼 재료를 없애고 제품의 본질에 충실하되 가격을 낮출 수 있을지, ③ 선도 브랜드가 갖지 못한 기능을 첨가할 수 있을지, ④ 선도 브랜드보다 훨씬 뛰어난 재질과 제조방식으로 생산해 품질로 승부할 수 있을지, 아니면 ⑤ 문화적, 사회적 호감도까지 더하여 명성을 내세울 수 있을지를 판단해보자.

어떻게 다름을
'보여줄' 것인가

3

인터넷 서핑을 하다 보면 새로운 제품을 소개하는 웹사이트가 여럿 있다. 기발하고 참신하며 유용한 제품도 대단히 많다. 그런데 그중에서 과연 몇 개나 살아남고, 몇 개나 성공한 제품의 목록에 오를까? 그렇게 좋은 제품들이 알려지지도 못한 채 그냥 사라지고 마는 것을 보면 안타깝기 그지없다.

가격이나 품질은 좋은데 왜 사라지고 말까? 대부분의 경우, 소비자에게 제대로 커뮤니케이션하지 못했기 때문이다. 시장이 언젠가 진실을 알아주려니 생각하며 내놓고 기다린다면, 실패는 불 보듯 빤하다. 어떤 제품은 오래 가는데 어떤 제품은 쉽게 잊히는 이유는, 실제적인 차이를 만드는 데는 성공했지만 정작 소비자에게 각별한 인식을 심어주지 못했기 때문이다.

2부에서 설명한 제품상의 차이만을 유일한 경쟁력으로 내세우는 기업은 반쪽짜리 마케팅을 하는 셈이다. 가격, 가성비, 기능, 품질, 명성 등의 실제적인 차이가 없어서도 안 되지만, 언젠가는 따라 잡힌다. 경쟁자가 조금 더 싼 가격이나 가성비, 색다른 기능이나 좀 더 향상된 품질을 들고 나오는 순간, 또는 더 명성이 있는 기업이 유사한 제품을 내놓는 순간, 자기만의 자리를 잃고 말기 때문이다.

우리 브랜드만의 진정한 차별화는, 아이러니하게도 3부에서 설명할 인식상의 차별화로 달성해야 한다. 더 비싼 값을 기꺼이 치르게 하며, 안 살 것을 사게 만들고, 관련 제품을 사게 만들고, 사고 또 사게 만드는 것은 인식상의 차별화가 달성됐을 때만 가

차별화 방향	전술적 접근	
최초 The First	남보다 먼저 시작했다는 인식을 심어라	Be the first
	최신이라는 인식을 심어라	Be the latest
	시대사조에 발맞추고 있다는 인식을 심어라	Be the hottest
유일 The Only	독특한 디자인이라는 인식을 심어라	Unique design
	특정 분야의 전문업체라는 인식을 심어라	Unique specialty
	소비자가 생산과정에 동참한다는 인식을 심어라	Unique manufacturing
최고 The Best	어떤 세분시장에서든, 점유율 1위라는 인식을 심어라	Show market leadership
	특정 유명인사가 좋아한다는 인식을 심어라	Show celebrity preference
	전통 있는 회사 또는 제품이라는 인식을 심어라	Show heritage

능하다.

인식상 차별화의 핵심은 남들이 갖지 못한 독특함을 갖는 것
이고, 그러한 독특함을 어필하는 데는 '최초(First)'이거나 '유일
(Only)'하거나 '최고(Best)'라는 점을 부각시키는 세 가지 방향이
있다. 위의 표는 P&G가 효과적인 커뮤니케이션 아이디어를 도
출하기 위해 나열한 것을 세 가지 방향에 맞게 편집하여 정리한
것이다. 그 구체적인 아홉 가지 차별화 포인트를 하나하나 살펴
보자.

최초(First)인 것처럼
보이는가

　최연소 여성 임원, 최연소 사법시험 합격 등, 누군가를 소개할 때 '최연소'라는 말이 붙으면 모든 이들의 시선이 쏠리기 마련이다. 무엇을 했는지는 둘째 문제다. 무언가를 '가장 먼저 했다'면 호기심의 대상이 되고, 어느 제품이든 '최초'라고 하면 관심을 끌게 된다.

　최초가 되는 방식은 세 가지가 있다. 남보다 먼저 시작했음을 인식시키거나(the first), 최신의 것임을 인식시키거나(the latest), 아니면 시대사조에 잘 맞춘 것이라는 인식을 주는(the hottest) 것이다.

가을에 찬바람이 불기 시작하면 옷장에서 버버리코트를 꺼내 입는다. 버버리코트의 정확한 명칭은 트렌치코트지만, 지금도 '버버리'라 부르는 이들이 더 많을 정도로 버버리라는 이름은 잘 알려져 있다. 버버리코트는 원래 영국의 우비제조회사인 버버리Burberry 사에서 우산을 쓸 수 없는 군인들을 위해 1차 세계대전 때 만든 방수외투의 상품명이다. 전쟁 후에도 겨우내 부슬부슬 비가 내리는 영국에서 일반인들이 입기 시작하면서부터 버버리는 방수외투를 뜻하는 보통명사가 되었다. 이처럼 '최초'의 힘은 막강하다.

선글라스에도 버버리코트 같은 존재가 있다. 일명 '라이방'으로 불리는 레이밴Ray Ban이다. 레이밴의 탄생은 역사적 상황과 밀접한 관련이 있다. 1차 세계대전에 참전했던 많은 파일럿들은 전쟁이 끝나자 민간 항공사나 항공우편국에 취업해 조종사로 일했다. 전쟁 중에 항공술이 다소 발달했다고는 하나, 조종사들이 느끼는 크고 작은 어려움은 한두 가지가 아니었다. 그중에서도 태양광선에 직접 노출되는 시간이 늘어나면서 두통과 어지럼증에 시달리는 것이 가장 큰 문제였다.

그러다 시력에 심각한 손상을 입은 어느 조종사가 눈을 보완하는 안경을 만들어달라고 바슈롬Bausch+Lomb 사에 의뢰하게 된다. 바슈롬은 안경이나 망원경, 현미경에 쓰이는 렌즈를 만드는 광학기술을 보유한 회사였는데, 여기서 레이밴 특유의 디자인이 탄생한다. 레이밴의 짙은 초록빛 렌즈는 눈부심을 반사 처리하기 위한 것이고, 잠자리 눈 모양은 눈동자를 크게 돌렸을 때 그려지는 궤적을 따라 만들어진 것이다. 이처럼 시력 보완용으로 만든 고글이지만 평상복을 입었을 때도 스타일을 해치지 않을 만큼 멋져서 금세 인기를 끌었다. 바로 '레이밴'의 탄생이었다.

자신감을 얻은 바슈롬은 조종사들뿐 아니라 일반 소비자들에게까지 눈을 돌렸고, 레이밴은 뛰어난 기능과 디자인으로 시장에서 점점 입지를 넓혀갔다. 레이밴에서 시작된 선글라스 열풍은 어른처럼 보이고 싶은 소년들의 로망이 되었을 뿐 아니라 세대와 계층, 성별을 막론하고 많은 이들의 사랑을 받게 되었다.

하지만 예상치 못한 일이 발생했다. 레이밴의 인기가 높아지면서 대부분의 패션 브랜드들이 선글라스를 출시하는 바람에 경쟁이 치열해지기 시작한 것이다. 1982년에는 매출이 급격히 줄어 전 세계에 1만 8,000개를 판매하는 데 그쳤다.

고민에 빠진 레이밴은 곰곰이 타개책을 생각해보았다. 도대체 레이밴이 다른 선글라스와의 차별화 포인트를 무엇으로 삼아야 할까. 레이밴은 특정한 기능으로부터 출발했지만, '최초'의 힘 덕분에 나름의 오리지널리티를 만들어낸 브랜드다. 레이밴은 여전히 아들과 아버지가 함께 쓸 수 있는 아이템이자 시대적 아이콘이며, 누구도 부인할 수 없는 선글라스계의 오리지널이다.

그래서 오리지널임을 보여줄 방안을 고민 중에, 좋은 기회가 왔다. 영화 〈탑건〉을 촬영하는데 멋진 파일럿 역할을 맡은 주인공 톰 크루즈에게 전통적인 고글형 레이밴을 쓰도록 로비한 것이다. 오리지널임을 강조함으로써 독보적인 위치를 굳건히 지키려는 레이밴의 시도는 큰 성과를 거두게 된다. 〈탑건〉이 상영된 그 해에만 레이밴 150만 개가 팔려나갔다.

그 후로 레이밴은 제2의 성장기를 맞고 있다. 이제는 패션 브랜드들이 만드는 선글라스가 많아도, 레이밴은 시대적 아이콘으로서 독보적인 자리매김을 확실히 하고 있다. 왜냐? 오리지널임을 확실히 인식시켰으니까.

남보다 먼저 시작했다는 인식을 심어라

이처럼 차별화를 인식시키는 첫 번째 방안은 최초(the first)임을 부각하는 것이다. 1980년대 미국의 전자제품 전문매장인 베스트바이Best Buy에 가면 TV부터 카세트, 전화기까지 일본 제품들이 판을 쳤다. 그런데 요즘은 TV뿐 아니라 세탁기, 냉장고에 이르기까지 LG와 삼성 제품이 전자제품 매장을 휩쓸고 있다. 이 정도면 세계가 인정한 기술력이라 할 것이다.

그런데 '김치냉장고'라 하면 어떤 브랜드가 떠오르는가? 딤채다. 세계적으로 인정받는 LG나 삼성이 만든 김치냉장고가 딤채만 못할 리 없다. 그런데 우리는 왜 딤채를 먼저 떠올리는 것일까? 김치냉장고라는 카테고리에 딤채가 '가장 먼저' 자리를 잡았기 때문이다.

장충동에 가면 비슷비슷한 족발집들이 늘어서 있다. 파는 음식만 같은 게 아니라 간판마다 하나같이 '원조'라고 쓰여 있다. 도대체 왜 다들 원조라고 하는 걸까? 사람들이 '카테고리의 첫 번째'라는 말에 반응하기 때문이다. 어느 분야든 가장 먼저 카테고리를 개시하는 브랜드는 오리지널이란 이미지 덕분에 프리미엄으로 대접받는다.

> 사람들은 늘 새로운 것을 추구하는 본능이 있기 때문에 '최초'이거나 '처음'이거나, '오리지널'인 것을 좋아한다.

집을 떠나 객지를 여행하면서 호텔을 고를 때, 같은 가격이면 무엇을 가장 중요시하는가? 경치, 목욕시설, 룸서비스, 부대시설, 인터넷 서비스? 뭐니 뭐니 해도 편안한 잠자리일 것이다. 웨스틴 호텔Westin Hotel은 편안한 잠자리를 '헤븐리베드Heavenly Bed'라는 차별화 포인트로 내세워 크게 성공했다.

아니, 쾌적한 숙면환경은 좋은 호텔이라면 당연한 것 아닌가? 그렇다. 세계적인 호텔들은 이미 고급 침대와 침구를 제공하는 것을 당연히 여기고 있었기에 말할 필요조차 느끼지 않았다. 그런데 사람들이 헤븐리베드에 왜 그토록 반응했을까?

먼저 주장했기 때문이다. 이를테면 그들은 세계 최초로 잠자리를 '브랜드화'한 것이다. 물론 주장하려면 이를 뒷받침할 근거가 있어야 한다. 이를 실무에서는 R2B(Reason to Believe)라 일컫는다.

일반적인 침대는 매트리스 위에 패드를 깔고 시트를 덮는 데 반해, 헤븐리베드는 매트리스 위에 패드, 담요, 3겹의 순면시트,

거위털 이불 등, 10겹의 시트로 구성돼 있다. 매트리스와 박스스프링 그리고 베개의 구성도 경탄할 만하다. 3,000만 달러의 예산을 투입해 수년간의 연구 끝에 만들어졌다는 배경 스토리가 R2B로 작용하기에, 이 브랜드는 누구도 따라오기 힘든 힘을 발휘하고 있다. 그러니 근거를 만든 후, 먼저 주장하라. 먼저 말한 사람이 임자다.

헤븐리베드의 사례는 반드시 최초가 아니더라도 사람들의 머릿속에 '처음으로 인식'되는 것이 중요하다는 사실을 잘 보여준다. 세상에서 가장 높은 빌딩이 무엇인지 알고 있는가? 두바이의 부르즈 칼리파? 아니면 상하이 금융센터? 말레이시아의 페트로나스 타워? 사실 헷갈린다. 세상에서 제일 높다는 빌딩의 기록은 수시로 바뀌기에 사람들은 가장 높은 빌딩이 무엇인지 확실히 알지 못한다. 다만 엠파이어스테이트 빌딩이 더 이상 1등이 아니라는 것은 알고 있다. 이 말을 거꾸로 해석하면 엠파이어스테이트가 아닌 그 어떤 빌딩이 가장 높다고 해도, 별 관심이 없다는 얘기다. 고층 건물의 오리지널은 어쨌든 엠파이어스테이트 빌딩인 것이다. 이처럼 한번 사람들의 마음에 자리 잡은 이상, 다른 정보가 그 자리를 대신 차지하기란 쉽지 않다.

만약 이미 시장에 최초로 진입한 경쟁자가 있다면 어떻게 해야 할까? 새로운 카테고리를 만들면 된다. 기존의 제품을 포기하고 맨땅에서 다시 시작하라는 말은 아니다. 자신의 제품을 '처음'이라 설명할 카테고리를 만들라는 것이다. '세계 최초'가 아니면 '아시아 최초'이거나 '대한민국 최초'도 기억에 남는다. 물론 카테고리가 클수록 임팩트는 커진다.

버드와이저가 기존 카테고리인 '맛있는 맥주'의 리더 브랜드였다면, 밀러라이트는 맛도 좋지만 '칼로리가 낮은 맥주'라는 카테고리의 선두 브랜드로 자리 잡았다. 탄산음료, 스포츠음료, 생수 등이 각축을 벌이고 있는 '음료수' 시장에서 비타민 워터는 '스타일 음료'라는 새로운 카테고리를 주창해 인기몰이를 했다. 각종 비타민 성분을 나타내는 서로 다른 색상의 음료들이 진열된 모습은, 마치 패션소품처럼 화려해 보인다.

이처럼 어떤 카테고리를 개시했음을 인정받으면, 그 카테고리의 대명사로 불린다. 버버리코트(버버리의 트렌치코트)나 스카치테이프(3M의 투명 테이프), 크리넥스(킴벌리의 화장지), 라이방(레이밴의 선글라스), 호프집(OB맥주의 가판점명인 호프Hof), 야쿠르트(한국야쿠르트의 요구르트) 등과 같이 어떤 카테고리의 제네릭 브랜드generic brand로 불린다면, 소비자의 머릿속에 훨씬 유리하게 자리 잡을 것이다.

"2주만 지나도 올드 패션이다"

2012년 11월 6일, 영국의 왕세자비 케이트 미들턴이 스페인의 중저가 브랜드 자라의 49.99파운드(약 9만 원)짜리 블루 드레스를 입고 대중 앞에 나타났다. 영국의 왕세자비가 입었다는 사실만으로도 화제가 될 법한데, 그 옷이 SPA브랜드라니…. 사진이 전 세계에 전송되자 자라 매장마다 사람들이 몰려들었다.

자라는 어떻게 대처했을까? 전 세계 매장에 연락해 남아 있는 드레스를 바로 철수시켰다. 모르긴 몰라도 다른 브랜드였다면 모든 매장에 그 옷을 전진배치하고 재생산했을 텐데, 자라는 정반대로 한 것이다. 케이트 미들턴이 입은 옷은 3주 전에 팔던 것이어서, 아직도 안 팔리고 걸려 있으면 가장 최신의 유행을 추구한다는 자라의 이미지가 손상될 수 있기 때문이었다. 대신에 고객이 그 옷을 찾으면 없다고 하고, 케이트 미들턴이 한 달 뒤에 입을 것 같은 옷을 권해주라는 지시를 내렸다고 한다.

자라의 초점은 미래에 있다. 자라의 목표는 '최신'이며 그 수단은 '스피드'다. 그래서 자라에는 두 개의 사이클이 돈다. R&D와 분배. 그들에게 R&D란 새로운 옷을 만드는 작업이다. 옷 한 벌 한 벌이 모두 새로운 R&D다. 자라는 1년에 3만 가지 옷을 디자인한다. 여성복, 남성복, 아동복을 막론하고 가장 클래식한 것부터 가장 섹시한 디자인까지 폭넓게 다룬다. 이때의 초점은 품질이나 아름다움보다 '최신'이다. 최대한 빨리 소비자가 원하는 디자인을 포착하여 즉시 만들라는 것이다.

흥미로운 사실은 일부러 결품(없어서 못 파는 옷)을 내기도 한다는 점이다. 보통 다른 패션 회사에서는 2~3시즌, 즉 6~9개월 후에 팔릴 옷을 만들기 때문에 예상 수요보다 다소 여유 있게 생산한다. 예컨대 수요가 1만 벌로 예측되면 1만 2,000벌을 만들고, 그것이 다 팔리면 1만 5,000벌까지 후속 생산한다. 이를 '반응 생산'이라 부른다.

하지만 자라에는 반응 생산이 없다. 1만 벌이 시장 수요라면 7,000벌만 만든다. 1만 장이 팔릴 거라 예측해도 7,000벌을 만들고 다 팔리면 끝이다. 절대 추가 생산이 없다. 그러다 보니 인기 좋은 디자인은 바로 결품이 난다. 사고 싶은 옷을 사지 못한 소비자에게는 그 결품이 불만 요소가 되는데, 자라는 소비자의 불만을 새로운 디자인으로 채우고 있다. 어제의 베스트 아이템을 오늘 다시 공급하는 게 아니라, 내일의 굿 아이템으로 채우자는 전략이다. 설령 새로운 디자인이 어제의 베스트 아이템보다 못하더라도, 자라는 어제의 베스트보다 내일의 굿 아이템을 원하는 소비자를 타깃으로 삼는다.

최신이라는 목표를 위한 자라의 다음 전략은 '분배'다. 그들은 어떤 디자인이든 매장 당 5벌 이상 공급하지 않는다. 디자인이 완성되면 전 세계 80개국 5,000개 매장에 시차 없이 동시에 진열된다. 디자인되자마자 바로 전 세계에 뿌리는 것이다. 그 결과, 자라의 고객들은 매장에 걸린 옷이 언제나 '최신' 유행의 패션임을 의심하지 않는다. 그것이 자라가 계속 번창하는 이유다.

최신이라는 인식을 심어라

'최초(the first)'라는 말은 역설적으로 '최신(the latest)'과 통한다. 최신의 흐름을 잘만 읽으면, 특정 카테고리에서 첫 번째가 될 수 있기 때문이다. 최신 패션을 이끌어가는 자라의 시스템을

'맞춤 패션 프로세스(fashion-on-demand process)'라 한다. 자라에는 트렌드를 읽는 200여 명의 트렌드 스파터trend spotter가 있는데, 그들은 유행을 앞서가는 런던이나 마드리드 같은 도시를 돌아다니다가 스타일이 괜찮은 사람을 발견하면 사진을 찍거나 바로 스케치해서 본사에 보낸다고 한다. 여러 패션쇼에서 선보인 새로운 유행도 자라 매장을 통해서 더 빨리 대중화된다. 보통 시장조사를 거쳐 신제품이 매장에 도착할 때까지 두 시즌 혹은 세 시즌이 걸리지만, 자라는 한 달 내에 전 세계 매장에 신제품을 걸어놓는다.

샤넬이나 루이비통과 같은 명품 브랜드의 열성 고객은 1년 동안 매장에 몇 번이나 갈까? 평균 3번을 간다고 한다. 시즌이 바뀔 때 한 번씩 가고 한 번쯤 놓치는 것이 일반적이다. 한 시즌에 두 번 가는 경우는 많지 않다. 그렇다면 자라의 고객들은 얼마나 자주 매장에 갈까? 1년에 평균 17회라고 한다. 두 달에 3번 꼴로 가는 것이다. 어떤 디자인도 매장에 3주 이상 걸려 있지 않기 때문에 자라의 열성 고객들은 자주 매장을 찾는다. 갈 때마다 새로운 옷이 있으니까 길을 가다가도 그냥 들러보는 식이다.

제품의 수명주기를 짧게 가져간다는 말은 소비자의 선호도에 맞출 확률이 그만큼 높아짐을 의미한다. 다른 회사처럼 두세 시즌 후에 유행할 색상과 소재 등을 짐작해서 디자인하는 것이 아니기 때문이다.

자라 매장의 직원들은 소비자들과 틈날 때마다 대화를 나눈다. 쌍방향으로 끊임없이 소비자가 원하는 것이 무엇인지 점검하는 것이다. 패션 브랜드로서 자라의 차별점은 광고나 모델 혹은 소재나 품질이 아니다. 바로 '최신 유행'이다.

사람들은 사회적 동물이기에 자신이 속한 집단에서 유행이나 트렌드에 뒤처져 보이고 싶어 하지 않는다.

구글에서 'new'라는 단어를 검색하면 179억 8,000만 개의 관련 정보가 뜬다. 하루 후에 입력해보면 더 많은 정보가 뜰 것이다. 구글에 검색되는 단어 중에서 가장 많은 개수다. 음료수든, 휴대폰이든, 자동차든 사람들은 '새롭다'는 것에 일단 반응을 보인다.

그러나 사람들이 새로운 것을 좋아한다고 해서 처음 선보이는 제품에 무조건 호의적인 것은 아님을 기억해야 한다. 프랑스의 시인이자 평론가인 폴 발레리Paul Valery는 "새로운 것이 사랑받으려면 인간의 가장 오랜 욕구에 부응해야 한다"라고 말했다. 아무리 새로워도 인간의 내재된 욕구를 건드리는 제품이 아니면 성공하기 어렵다는 말이다.

최신(the latest)이라는 말에 담긴 또 다른 의미는 '신선하다(fresh)'이다. 사람들이 슈퍼마켓에서 식품을 살 때 생산날짜나 유통기한을 보는 이유도 가장 나중에 생산된 것을 찾기 위해서다. '총각네 야채가게'의 직원들은 새벽 3시부터 가락동 농수산물 시장을 찾는다고 한다. 그들은 특정 도매상인과 고정적으로 거래하는 것이 아니라 수백 곳의 점포를 일일이 방문해 각각의 과일들을 직접 맛보고 비교해서 구입한다. 그리고 총각네 야채 가게에는 냉장고가 없다. 신선도 유지를 위해 그날 구매한 것은 그날 판매한다. 만일 영업이 끝나고도 물량이 남는다면, 근처 식당 등에 저렴하게 넘기고 그날의 업무를 끝낸다. 총각네 야채가게가 대박을 터뜨린 이유는 최신의, 신선한 상품을 원하는 사람들의 욕구를 읽어냈기 때문이다.

"트럭의 천막덮개만큼 좋은 게 있을까?"

스위스 다보의 시골농장에 다니엘과 마르크스 프라이탁이라는 어린 형제가 살고 있었다. 농장의 헛간에는 나무토막들이 많아서 형제는 함께 조그만 집도 짓고, 모형 자동차도 만들며 즐겁게 놀았다. 형제가 조금 더 컸을 때는 창고세일(garage sale)을 찾아다니며 자전거 부품을 모아 멋진 자전거를 조립하며 의좋게 자랐다. 그들은 평생 자동차 면허 없이 늘 자전거를 타는 환경보호 운동가이기도 했는데, 하여간 폐품을 모아 무언가를 만드는 것이 두 형제의 공통된 취미였다.

그들은 어른이 된 후에도 의좋게 그래픽 디자인을 공부했다. 스케치 연필을 손에서 놓지 않았던 두 사람은 비오는 날이면 스케치한 종이를 보관할 가방이 없어서 늘 아쉬웠다. 그러던 어느 날, 아파트 창가에 앉아 길가의 트럭들을 물끄러미 내려다보던 마르크스에게 갑자기 기막힌 아이디어가 떠올랐다.

'비바람을 막는 데 트럭의 천막덮개만큼 좋은 게 있을까?'

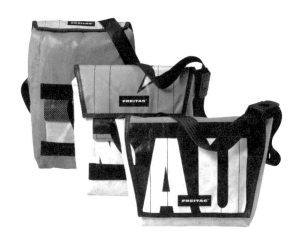

프라이탁은 재활용품이지만 비싼 값에도 없어서 못 파는 가방이다. 왜 그럴까?

그는 그 길로 근처 폐품 처리장에 달려가 쓰다 버린 트럭용 천막덮개를 구해왔다. 폐차장에 가서는 자동차 안전벨트도 몇 개 가져왔다. 아무리 폐차라 해도 자동차 뒷좌석의 안전벨트는 대부분 새것이어서 튼튼하다. 그는 천막덮개를 일일이 세척해 가방 모양으로 잘라 박음질하고, 자동차 안전벨트로 가방 끈을 만들고, 자전거 바퀴의 링 튜브로 가방의 테두리를 감싸 가방을 완성했다. 이렇게 탄생한 것이 그 유명한 프라이탁Freitag의 메신저 가방이다.

시대의 철학을 담았다는 인식을 심어라
소비자들이 '최초'나 '최신'을 추구하는 이유는 '첨단'에 대한 욕구 때문이 아닐까. 새롭고 신기한 제품을 가장 먼저 접하고 싶다는 순수한 욕구 외에도 우리에게는 '앞서가는 사람'으로 보이고 싶은 인정 욕구가 있다. 얼리 어답터나 트렌드세터까지는 아니더라도, 시대의 흐름에 뒤떨어지지 않고 새로운 사조를 적극 수용한다는 자기 이미지를 만들고 싶은 것이다.

그런 점에서 시대의 철학 내지 정신(zeitgeist)을 읽는 것은 매우 중요하다. '최초'라는 말에는 사람들의 생각이나 시대의 철학을 먼저 읽어서 제품화한다(be the hottest)는 의미가 내포돼 있다. 친환경 소비가 각광받으면서 재활용 가방인 프라이탁은 미국과 유럽, 일본 등지에서 폭발적인 인기를 얻기 시작했다. 하지만 프라이탁의 인기는 단순히 재활용품을 사용했기 때문만은 아니다. 요즘에는 그저 대의명분이 훌륭하다는 이유만으로는 소비자의 선택을 받기 어렵다. 아무리 친환경 소비나 착한 경영이 좋고 각광받는다 해도, 재활용 제품은 왠지 품질이 떨어질 거라는 인식 때문에 비싼 값을 받기가 어렵다. 자칫 잘못 들고 다니면 환경운동가 같은 과격한(?) 느낌을 줄 수 있다는 점 때문에 사용을 꺼리는 사람들도 적지 않다.

그러나 프라이탁은 가방으로서 완벽한 기능을 갖추고 있을 뿐 아니라 미적인 면에서도 뒤처지지 않는다. 화물차 덮개로 만들어서 완전 방수가 가능하고, 안전벨트로 만든 가방 끈은 웬만해선 끊어지지 않을 만큼 내구성이 강하다. 버려진 트럭 덮개를 이리저리 잘라 만든 제품이므로, 똑같은 디자인이 없고 일일이 손으로 만들어 마감도 야무지다. 재활용품이라도 엉성하지 않고 오히려 멋지고 개성 있는 디자인으로 재탄생하기에 개당 25~40만 원을 호가하는 가격에도 없어서 못 파는 제품이 되었다. 보통 다른 브랜드 제품에 새겨진 흠집이 '불량'이라면, 수만 킬로미터를 이동한 뒤 가방으로 탄생한 프라이탁의 흠집은 '사연'이 된다. 즉 프라이탁을 들고 다니면 시대를 선도하면서 패션 감각까지 갖춘 사람으로 인식되는 것이다.

자연환경 보전과 생태계 균형을 중시하는 그린 마케팅이 거스를 수 없는 대세임은 분명하다. 또한 착한 기업을 표방하는 코즈 마케팅도 유행하고 있다. 그러나 시대의 철학 없이 단순히 유행만을 따라서는 지속적인 차별화에 성공하기 어렵다. 친환경이든 미니멀이든, 사람들이 소중하게 여기는 이 시대의 가치 요소가 담겨 있어야 한다.

> 사람들은 단순히 '시대의 유행'을 좇는 데 그치지 않고, '시대의 철학'에 맞추는 듯 보임으로써 앞서간다는 인상을 주고자 한다.

시대의 정신을 담아 성공한 대표적 사례가 더바디샵이다. 더바디샵은 자연주의와 공정무역이라는 '최신'의 컨셉을 '최초'로 도입했다. 더욱이 이는 시간이 흐를수록 강력한 오늘날의 소비 철학으로 자리 잡아 더바디샵을 세계 시장에 정착시킨 원동력이 되었다.

더바디샵의 창업자인 애니타 로딕Annita Roddick은 1942년 영국의 해변도시 리틀 햄프턴에서 태어나 이탈리아계 이민 가정에서 자라났다. 로딕은 어머니가 억척스레 카페를 운영하며 절약하는 모습을 늘 봐왔기에, 자연스럽게 근검절약 정신을 몸에 익혔다. 또한 이미 열 살 때 유대인 대학살에 관련된 책을 읽고 인권에 대해 심각하게 고민할 정도로 성숙했던 그녀는 반전운동, 인권운동, 환경운동 등 사회 캠페인 전반에 지대한 관심을 갖고 있었다.

로딕은 일찍이 교사가 되었지만 곧 그 생활을 접고 더 넓은 세상을 경험하고자 여행을 떠났다. 세계 각지에서 원주민들의 열악한 삶을 목격하고 UN의 구호활동에 참여하기도 했으며, 평화를 부르짖고 1960년대 말 유행이었던 히피족을 따라 세상을 떠돌기도 했다. 그녀가 주로 찾던 곳은 일반인의 발길이 닿기 힘든 오지. 그런데 그곳의 원주민들도 나름의 비누를 만들어 세수를 하고 자연의 원료를 이용하여 화장하는 것을 목격하게 된다.

그녀는 고향에 돌아와 결혼하였으나, 히피였던 남편이 미국으로 여행을 떠나는 바람에 궁여지책으로 비누와 화장품을 파는 작은 가게를 열었다. 그런데 공교롭게도 처음 시작한 그녀의 가게가 두 개의 장례식장 사이에 있었고, '더바디샵'이라는 특이한 상호와 매장에서 풍기는 독특한 향 덕분에 사람들에게 금세 알려졌다.

로딕은 세상 각지를 돌아다니며 보았던 알로에나 코코아 버터 등 천연원료를 가져다가 원주민들의 방식을 차용하여 바디크림, 로션, 샴푸, 향수 등을 직접 생산했다. 또한 비용을 절약하기 위해 매장 인테리어는 물론 화장품 패키지도 손수 디자인하고, 패키지에 제품의 장단점을 숨김없이 표기했다. 예컨대 헤어트리트먼트 제품에 "거름 냄새가 좀 나지만 효과는 훌륭하다"고 적는 식이었는데, 이러한 솔직함은 사람들에게 강한 신뢰감을 주었다.

또한 사회적인 이슈에 늘 관심이 많고 어려서부터 재활용 습관이 몸에 배어 있던 그녀는 곧 리필refill 정책을 도입했다. 다 쓴 용기를 가져온 고객에게 그들이 필요로 하는 만큼만 화장품을 덜어서 판매하는 방식이었다. 그 덕분에 사람들은 꼭 필요한 양만 저렴한 가격에 구입할 수 있었고, 이처럼 차별화된 판매방식이 호응을 얻으면서 설립한 지 6개월 만에 두 번째 상점을 열기에 이르렀다.

로딕의 행보는 여기서 그치지 않았다. 그녀는 사업이 점차 안정되자 인류학자와 함께 새로운 천연원료 및 화장품 제조기법을 찾아 해마다 2~4개월씩 전 세계를 여행했다. 세계를 돌아다니며 민간 미용 관리법과 화장품 제조법에 관한 정보를 수집하고, 시어버터shea butter 등 새로운 원료를 활용해 신제품을 개발했다. 1986년부터 더바디샵은 화장품 업계 최초로 '원조가 아닌 거래(Trade not aid)'라는 슬로건을 내걸고 공정무역에 앞장섰다.

더바디샵은 천연 원료를 사용한 화장품을 판매하는 것으로 시작했지만, 지금은 단순히 '자연주의'를 넘어 로딕의 다섯 가지 기업 가치, 즉 동물실험 반대, 공정무역 지원, 자존감 고취, 인권 보호, 지구환경 보호라는 이념을 실천하는 사회참여 기업으로 사람들에게 사랑받고 있다. 많은 이들이 더바디샵의 제품을 쓰는 것만으로도 이러한 이념에 동참하는 기분을 느낀다고 말한다. 남보다 앞선 시대철학으로 천연원료 화장품이라는 자리를 굳힌 더바디샵은 오늘날 전 세계에 2,000여 개가 넘는 매장을 보유하고 있다.

오직 하나(Only)뿐인
것처럼 보이는가

　"세계 유일의…"라는 말은 가장 파워풀한 광고문구 중 하나다. 그 브랜드만이 세상에서 유일하게 무언가를 제공할 수 있다는 사실이 사람들을 자극하기 때문이다. "이런 물건, 다른 데서는 못 구해요"라는 말도 유일함을 강조할 때 즐겨 쓰는 표현이다. 특허제도를 만들어 기술이나 디자인을 인정, 보호하려는 것도 '유일함'의 시장 가치가 높기 때문이다.

　유일함을 느끼게 하는 데는 세 가지 방법이 있다. 독특한 디자인(unique design)이 가장 손쉬운 방법이고, 어느 분야에서 전문성을 띤 제품(unique specialty)으로 인식시키는 것, 마지막으로 소비자를 생산 과정에 참여시켜 자기만의 물건처럼 느끼도록 (unique manufacturing)하는 것이다.

"싸구려 샌들을 패션 아이템으로?"

칸 광고제에 가면 해변에 세상의 온갖 멋쟁이가 다 모인 것 같다. 그런데 스타일리시한 모델 같은 그 사람들을 가만 보면, 하나같이 하바이아나스를 신고 있다. 우리가 흔히 일본식 '쪼리' 샌들이라 부르는 것인데, 별것도 아닌 걸 다들 신고 다니니 괜한 호기심이 들었다.

이 신발은 알파르가타스 아르헨티나Alpargatas Argentina라는 회사가 만든다. 회사의 이름이 말해주듯, 1885년부터 아르헨티나에 위치해 알파르가타스를 만들던 회사다. 알파르가타스는 거친 직물인 황마로 만든 신발에 캔버스 천을 덧댄 것으로, '값싸고 가볍고 질겨서' 남미의 노동자들이 주로 찾는 신발이다. 알파르가타스가 그럭저럭 시장을 선도하고 있었지만 이런 신발을 만드는 회사가 수십 곳이나 되었던 터라, 더 이상 성장하기는 어려운 상태였다.

이때 알파르가타스는 뜻밖의 곳에서 '값싸고 가볍고 질긴' 다른 신발을 발견한다. 바로 일본 사람들이 즐겨 신는 조리草履였다. 말 그대로 '풀로 엮은 신발'이란 의미인데, 짚이나 왕골을 촘촘하게 짜서 만든 샌들이었다. 남미의 이 회사는 하와이에 사는 일본 사람들이 이 신발을 신는 데서 영감을 얻어, '하와이 사람들'이란 뜻의 하바이아나스Havaianas라는 브랜드를 론칭했다. 값싸고 질 좋은 천연고무가 많이 나는 브라질 상파울루에 공장을 세우고, 탄력 있는 고무 밑창에 스트랩을 덧댄 플립플랍flip-flops을 생산하기 시작했다.

하바이아나스는 가격이 저렴하면서도 오래 신을 수 있다는 장점 때문에 대번에 인기를 끌었다. 하바이아나스는 지금도 5달러 정도면 살 수 있지만, 초기에는 가격이 더 낮아서 주머니가 가벼운 노동자들의 열렬한 호응 속에 1년에 1억 켤레 이상 팔리는 히트상품으로 자리 잡았다. 이후 서민들뿐 아니라 중산층에서도 집에서 하바이아나스를 신기 시작하면서 성장은 한층 가속화되었다.

그런데 낮은 가격이 성장의 발목을 잡았다. '인부들이 작업장에서나 신는 싸구려'라는 이미지 때문에, 더 이상 시장이 확장되지 않은 것이다. 체면을 중시하는 일반인들은 이 신발을 꺼렸고, 급기야 그 샌들을 신은 사람들의 출입을 금지하는 공공장소가 생겨났다. 급격한 매출 하락으로 위기를 맞은 하바이아나스는 시장에서 살아남을 새로운 전략을 모색해야 했다. 무엇보다 가난의 상징처럼 느껴지는 브랜드 이미지를 쇄신하지 않으면 안 되었다.

하바이아나스는 처음으로 소비자의 요구에 귀를 기울이기 시작했다. 그들이 가장 먼저 한 일은 새로운 모델을 개발하는 것이었다. 당시 하바이아나스는 변화나 다양성과는 거리가 먼, 그저 저렴한 공산품에 불과했다. 범용적이지 않은 작업용 신발로 각인되어 있는 데다 30년이 넘도록 모델도 딱 하나뿐이었다.

그들은 우선 한 가지 컬러에 불과한 톱 모델을 13가지 컬러로

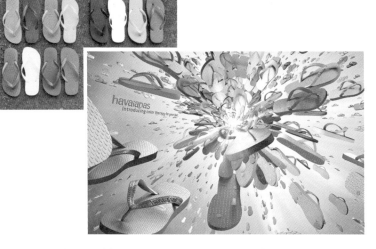

'값싸고 하찮던 샌들'을 '최고의 멋쟁이들이 찾는 아이템'으로 변신시켰다.
어떻게 한 것일까?

다양하게 선보였다. 반응은 폭발적이었다. 선택의 폭을 넓히자
신던 하바이아나스가 닳거나 망가졌을 때만 새로 사던 사람들이
충동적으로 여러 켤레를 구매하기 시작했다. 다양한 옷에 매치
하려고 색깔별로 사는 사람들도 있었다. 급격한 호응에 힘을 얻
은 하바이아나스는 좀 더 다채로운 컬러와 다양한 디자인을 내
놓았고, 생필품처럼 취급되던 신발은 하루아침에 패션 아이템으
로 떠올랐다. 남성적이며 넓은 형태의 '서프' 모델, 여성을 위해
밑창을 두껍게 만든 '하이' 모델, 스트랩을 가늘게 만든 '슬림' 모
델 등, 디자인과 가격대가 다양해지면서 구매층도 자연스레 확
장되었다. 리미티드 에디션이나 유명 아티스트와의 콜라보레이
션 제품들은 상류층 고객들을 공략했다.

광고 컨셉에도 변화를 주었다. 기존에는 '잘 떨어지지 않고 냄새가 나지 않는다'를 컨셉으로 내세웠다면, 이제는 브라질 사람의 기질을 담은 명랑하고 다채로운 컬러, 시원한 해변을 연상시키는 여유로운 분위기, 젊음과 섹시함 등이 새로운 컨셉이 되었다. 또 화려한 아트워크와 간결한 메시지로 스타일리시한 이미지를 불어넣었다.

이제 하바이아나스는 과거의 이미지는 벗어던지고, 할리우드 스타들과 영국 왕실 가족, 도쿄의 멋쟁이들이 즐겨 신는 패션 아이템이 되었다. 대학생도 신지만 백만장자에게도 어울리는 신발이다. 해변에 벗어두어도 아무도 신경 쓰지 않던 '값싸고 하찮던 샌들'이 독특한 디자인 차별화를 통해 가볍고 질기며 '패셔너블한 아이템'으로 거듭난 것이다.

독특한 디자인이라는 인식을 심어라

우리는 무엇보다 '눈에 보이는' 변화를 빨리 알아차리고, 쉽게 매력을 느낀다. 유일한 것으로 인식되는 가장 쉬운 방법은 특이한 모양(unique design)을 갖는 것이다. 이탈리아의 알레시Alessi는 주전자, 냄비, 감자깎이 칼 등 주방용품을 판매하는 회사였는데, 필립 스탁Philippe Starck 같은 포스트모던한 제품 디자이너들과 협력하면서 디자인 회사로 거듭났다. 그들은 칫솔에서 쓰레기통

사람들은 기회만 되면 남다름을 드러내고 싶어 한다. 그중 쉬운 방법은, 눈에 띄는 디자인의 제품을 쓰는 것이다.

에 이르기까지 집 안의 모든 생활용품을 색다르게 디자인해 판매한다. 흔히 볼 수 없는 독특하고 멋진 쓰레기통을 발견한 사람들은, 집에 멀쩡한 쓰레기통이 있어도 기꺼이 지갑을 연다.

덴마크의 오디오 전문업체인 뱅앤올룹슨Bang & Olufsen은 음향에 민감한 오디오 마니아층이 선호하는 제품은 아니다. 그러나 눈에 띄는 독특한 디자인 때문에 상류층의 거실을 장식한다. 남들이 가지고 있지 않은 제품을 과시하려는, 자기만족의 욕구를 충족해주기 때문이다. 폭스바겐의 비틀Beetle이나 BMW의 미니 쿠퍼Mini Cooper도 오래된 모델들을 새로운 디자인 시각으로 재해석해 죽어가는 제품을 살려내는 데 성공한 브랜드들이다.

남다른 디자인을 통한 차별화는 미학적인 면뿐 아니라 기능적인 면에서도 가능하다. 미국인들은 2~3년에 한 번씩 집 안팎을 칠하곤 하는데, 대개의 경우 페인트공을 부르지 않고 직접 한다. 그런데 기존의 페인트 통은 모양이 둥글어서 길쭉한 롤러를 담글 수 없으니 페인트를 덜어 써야 하는데, 덜 때 통 주변에 묻은 페인트가 말라붙어서 나중에는 뚜껑을 열기도 매우 어려워진다. 비전문가인 일반인이 몇 년에 한 번씩 쓰기에는 너무 어려운 제품이다. 그런데 더치보이Dutch Boy는 페인트 통을 사각형으로 하고 윗부분은 롤러를 직접 굴리며 페인트를 묻힐 수 있도록 만들었다. 게다가 플라스틱 재질을 사용해 가볍고 뚜껑을 열고 닫기도 편리하도록 디자인했다. 더치 보이가 오늘날 시장을 선도하는 제품이 된 것은, 페인트의 품질 때문이기도 하지만 페인트 통의 독특한 기능적 디자인의 힘이 크다.

기능적인 면에 미학적인 면이 더해지면 더욱 큰 위력을 발휘한다. 덴마크의 VIPP는 디자이너인 홀거 닐센^{Holger Nielsen}이 1939년 아내를 위해 디자인한 쓰레기통에서 시작되었다. 페달을 발로 누르면 뚜껑이 열리는 기능성에 깔끔하고 독창적인 디자인이 더해진 스테인리스 휴지통은 VIPP의 간판제품이 되었다. 그들은 그 후 비누 용기, 빨래 바구니, 화장실 솔에서 후추 통, 주전자, 수도꼭지에 이르기까지, 부엌과 욕실에서 쓰는 각종 제품을 만들게 되었다. 주부들이 주변에서 흔히 쓰는 평범한 제품들을 명품으로 둔갑시켜 여성들이 갈망하는 브랜드로 바꿔놓은 것이다. 페달 휴지통은 2009년 MoMA에 영구 소장 제품으로 등록되어 다시 한 번 화제를 불러일으키기도 했다.

남들과 다르다는 이미지를 손쉽게 심어주는 데는 독특한 디자인만 한 것이 없다. 사람들이 다른 사람이나 사물을 판단할 때, 85% 이상을 시각정보에 의존하기 때문이다.

"약국인가, 화장품 가게인가?"

키엘^{Kiehl's}은 미국의 화장품 브랜드이지만, 약국에서 시작했다는 것을 커다란 차별점으로 내세운다. 키엘의 뿌리는 1851년 뉴욕에 문을 연 브룬스윅^{Brunswick} 약국을 존 키엘^{John Kiehl}이 1894년에 매입해 오픈한 키엘 약국(Kiehl Pharmacy)이다. 160년의 역사를 가진 키엘은 약국에서 축적된 전문적인 지식과 허브 등 자연

네온 장식 등으로 스타일리시해 보이지만,
화장품 매장이 아니라 오래전 약국을 생각나게 꾸몄다. 그 이유가 무엇일까?

성분에 대한 노하우를 바탕으로, 피부에 자극이 적고 순한 화장품을 만들어오고 있다.

실상 화장품은 모두 화학제품이기 때문에, 웬만한 화장품 회사는 제약회사 뺨치는 연구시설을 보유하고 있다. 다시 말해 키엘만이 전문적 지식으로 화장품을 만드는 것은 아니라는 말이다. 하지만 화장품 회사라면 당연히 갖춰야 할 전문성을 키엘은 차별화된 이미지로 살려 나갔다. 키엘에 대해 잘 알지 못하는 사람이라도 독특한 매장 인테리어를 자세히 살펴보면 자연히 키엘의 전문성에 매료될 수밖에 없다.

키엘은 약국 같은 분위기의 매장에서 피부의 타입과 상태에 대해 상담해준다. 직원들은 약사처럼 하얀 가운을 입고 있으며,

어느 정도의 전문적인 의학지식을 갖추고 있다. 고객이 매장에 오면 샘플 중에서 고객의 피부에 맞는 화장품을 골라 개인 처방약처럼 조제해준다. 키엘의 매장은 옛날 서부시대의 약국처럼 인체의 뼈를 전시하기도 하고, 왕진 때 타던 오토바이를 전시하는 곳도 있다. 화장품 용기도 예전의 약통이나 연고통처럼 디자인하고, 포장지도 약 봉지 같은 느낌이 들게끔 만들었으며, 진열대는 마치 약장 같다. 역사를 자랑하는 분위기이지만 그렇다고 시대에 뒤떨어졌다는 인상을 주지는 않는다. 키엘은 자체의 고풍스런 요소를 네온사인 등 현대적 요소와 절묘하게 접목해서 독특한 분위기를 자아낸다. 광고도 프로모션도 하지 않는 키엘은 전 세계에 250여 개의 매장을 오픈하여 성업 중이다.

특정 분야의 전문업체라는 인식을 심어라

어떤 분야에서 전문성을 갖추고 있다면(unique specialty), 그 점을 시장에 널리 알리는 것도 유일함으로 차별화하는 좋은 방법이다. 키엘은 약국 같은 분위기를 통해 전문성을 사람들에게 인식시키는 데 성공한 것이다.

미국의 화학회사인 듀폰은 1938년, 영하 100도에서 영상 260도까지 사용 가능하며 다른 물질이 거의 들러붙지 못할 만큼 마찰력이 낮은 신물질 '테플론'을 개발했다. 듀폰은 이 물질을 윤활제와 코팅제로 팔기 시작하였다. 그 후 40년이 지난 어느 날 듀폰의 연구원인 빌 고어Bill Gore가 이 물질을 연구하던 중, 고분자와 결합하면 표면의 구멍이 아주 작아지는 섬유를 만들 수 있음을 발견했다. 새로운 섬유에는 1평방 센티미터마다 약 14억 개의 구멍이 생기는 것이었는데, 그 크기는 빗방울의 2만분의 1 정도로 매우 작다. 삼투압의 원리에 따라 동글동글 뭉치는 빗방울은 그 섬유를 통과할 수 없는 반면, 땀에서 나오는 수증기는 250만분의 1밀리미터 정도이므로 섬유의 구멍을 통과할 수 있다.

그러나 연구실에서 개발한 기술만으로는 비즈니스의 성공을 보장받을 수 없는 일. 그 제품을 실제의 삶, 즉 라이프스타일과 연관시켜야 한다. 비가 오는 날에는 우산을 쓰고 산에 오르기 불편하므로 우비를 입는 게 보통이다. 하지만 우비를 입고 등산을 하면 땀이 배출되지 않아 금세 습하고 답답해진다. 필요는 발명의 어머니라 했던가. 고어는 평소 등산을 즐겼는데, 우비에 답답함을 느낀 그는 자신이 만든 섬유로 우비를 만들어볼 생각을 했다. 옷 안쪽의 땀이나 증기는 밖으로 나가지만 빗물은 안으로 들어올 수 없으니, 방수가 되면서도 습기는 제거할 수 있다고 본 것이다.

여기서 끝났다면 그는 훌륭한 발명가에 그쳤을 것이다. 그런데 그는 이 섬유에 자신의 이름을 붙여 고어텍스Gore-tex라 명명했고, 오늘날 고어텍스는 전문적인 기능의 섬유로 널리 알려지게 되었다. 고급 등산복을 찾는 사람들은 어떤 브랜드의 옷을 사든 고어텍스 마크를 확인한다. 고어는 나온 지 수십 년이나 된 테플론이라는 재료의 새로운 용도를 개발함으로써 돈 방석에 앉았다. 고어텍스에 '전문성'이라는 차별화 포인트를 얹어서 이룬 성과다.

인텔은 기술이 조금 앞선 반도체 부품업체 중 하나에 불과할 수도 있었다. 그러나 '인텔 인사이드(Intel Inside)'라는 브랜드를 만듦으로써 더욱 가치를 인정받는 회사가 되었다. 컴퓨터 내부에 있어 보이지도 않는 부품의 브랜드를 사람들에게 기억시켰고, 인텔 반도체가 내장된 컴퓨터는 더 비싼 값을 받을 수 있도록 만들었다. 자연히 매출이 늘어나면서 R&D 투자를 가속화함으로써 경쟁자와의 격차를 더 벌이는 데 성공했다.

사람들은 동네병원 의사보다 전문의를 더 신뢰한다. 제품에 대해서도 마찬가지다. 전문성이 인정되면 위험이 적다고 생각한다.

일본의 마부치 모터Mabuchi Motor는 전기면도기, 카메라, CD나 카세트 등에 쓰이는 소형 모터만 만들어온 회사다. 작은 소음도 허용치 않는 정밀 모터 시장에서 마부치의 기술은 전문성을 인정받고 있다. 이처럼 세간에 알려지지는 않았지만, 한 분야에서 전문성을 띤 회사들이 적지 않다. 독일의 경영학자인 헤르만 지몬Hermann Simon은 그들을 가리켜 '숨겨진 챔피언(hidden champions)'이라고 치켜세운다. 하지만 그들이 전문화된 제품을 브랜드화할 줄 안다면 숨겨진 챔피언에 머물지 않고 더 큰 시장에서 활약할 수 있을지도 모른다.

실제로는 유일한 전문업체가 아니지만 사람들의 머릿속에 유일하게 떠오르는 기업(unique recall)이 되는 것도 한 가지 방법이다. 쥐나 해충을 방제하는 기업은 매우 많지만, 방역업체 하면 세스코CESCO를 떠올린다. 프라이팬 시장은 테팔Tefal이 석권하고 있다. 눌어붙지 않는 프라이팬 전문회사로 알려진 덕분이다. 전문적인 비즈니스 다이어리라 하면 무엇이 떠오르는가? 대부분 프랭클린 플래너Franklin Planner를 떠올릴 것이다. 이들의 방역이나 프라이팬이나 다이어리가 남들이 흉내 내지 못할 기술로 완성된 것은 아닐 텐데 말이다. 다만 자신의 브랜드를 전문성과 적극 연계하여 인식시킴으로써 각자의 분야에서 유일성을 확보할 수 있었다. 어쩌면 다른 경쟁업체에서 먼저 전문성을 주장할 수도 있었을 것이다. 그랬다면 이들 기업이 누리는 경쟁우위는 다른 기업의 차지가 되었을지도 모른다.

"나는 내가 디자인한 자전거를 탄다"

접이식 자전거의 역사는 꽤 오래되었다. 1차 세계대전에서 낙하산 부대원들이나 수색대가 이미 접이식 자전거를 타기 시작한 것이다. 전쟁 후 몰튼Moulton이라든지 다혼Dahon 등, 몇 가지 접이식 자전거가 60년간 시장을 점령했으나, 용도가 제한적인 데다 여전히 크고 무거워서 이렇다 할 시장이 형성되지는 않았다.

그러던 중 1975년, 앤드루 리치Andrew Ritchie라는 공상가 타입의 엔지니어가 접이식 자전거에 관심을 갖고 개발에 뛰어들었다. 그는 탁월한 기술도 충분한 자본도 없이, 그저 기존의 접이식 자

브롬턴은 수많은 접이식 브랜드 중 하나일 뿐이다.
그래도 늘 화제가 되고, 판매가 잘되는 이유는 뭘까?

전거보다는 좋은 자전거를 만들 수 있다는 확신에 차 있었을 뿐
이다. 그가 가장 염두에 둔 점은 '콤팩트'였다. 그는 '접힌다'는
개념에 만족하지 않고 '어떻게 접히는가'에 초점을 맞추었다. 깔
끔하게 접어서 한 손으로 쉽게 들 수 있는 자전거가 그가 꿈꾸는
모델이었다.

하지만 모든 프로토타입이 그렇듯, 최초의 자전거 역시 투박
한 모습이었다. 대형 18인치 휠에 15kg에 가까운 무게는 갖고
다니기 불편했다. 세 번째 프로토타입을 만들 즈음에야 16인치
휠로 줄일 수 있었다. 소재를 스틸에서 알루미늄으로 바꾸는 등,
무게 또한 줄이려고 애쓴 끝에 6년이 지나서야 접었을 때 본체
의 너비는 10인치로, 무게도 10kg 이하까지 줄었다.

개발에 개발을 거듭한 끝에 조금씩 고객이 늘어나고는 있었지만 브롬턴Brompton이라 이름 붙인 자전거가 별달리 잘 팔리지는 않았고, 자금은 서서히 바닥을 드러내기 시작했다. 그때 이미 오디오 사업으로 어느 정도 돈을 번 줄리안 베레커Julian Vereker라는 사람이 관심을 갖고 구원투수로 나타났다. 하지만 그는 더 작고 더 가볍다는 특징만으로는 브롬턴만의 차별화 포인트를 각인시키기 힘들다는 것을 직감했다.

마케팅 감각이 뛰어난 베레커는 곰곰이 생각한 뒤에, 브롬턴만의 매력 포인트를 '맞춤 제작'으로 잡았다. 네 가지 타입의 핸들바와 1단부터 6단까지의 기어, 짐받이의 유무, 그리고 16가지의 프레임 컬러, 여섯 종류의 안장 옵션만으로도 4,608가지(4×6×2×16×6)의 조합이 된다. 브롬턴 한 대를 만드는 데 필요한 부품의 수가 1,200개 이상이므로 프레임 소재나 페달 등, 디테일한 조합으로 만들 수 있는 모델의 수는 무려 130억 가지나 된다. 이쯤 되면 세상에 자신과 똑같은 자전거를 타는 사람이 한 명도 없다고 해도 맞을 것이다.

브롬턴은 경쟁제품인 바이크 프라이데이Bike Friday만큼 가볍지도 않고, 몰튼Moulton처럼 클래식한 고급스러움을 뽐낼 수 있는 자전거도 아니다. 에어니멀Airnimal의 자전거는 브롬턴보다 더 트렌디하고 모던하다는 평을 받는다. 그럼에도 이들을 제치고 브롬턴이 가장 인기 있는 접이식 자전거가 된 이유는, 내가 디자인한 나만의 자전거를 만들 수 있는 시스템을 갖추었기 때문이다.

내가 만든 '나만의 제품'이라는 인식을 심어라

유일한(the only) 브랜드가 되는 길에는 독특함이나 전문성을 어필하는 것 외에, 나만의 유일한 제품인 것처럼 느끼게 하는 방법이 있다. 바로 소비자가 제품의 생산과정에 참여하고 있다고 느끼게 하는 것(unique manufacturing)이다. 푸마Puma의 몽골리언 슈 바비큐Mongolian Shoe BBQ를 주문하러 가면 마치 바비큐 뷔페처럼 각종 신발 소재가 진열되어 있는데 식판 모양의 트레이에 부품을 담아서 신청하면, 그것으로 신발을 만들어주는 새로운 발상이다. 자기가 좋아하는 소재와 색상, 천, 끈 등을 고르면 주문 후 3주 안에 완성된 신발이 집으로 배달된다. 직접 매장을 방문해 제작과정에 참여하는 재미가 있는 데다 소재를 손수 만져보며 고를 수 있고, 나만의 신발을 만들어준다는 매력 때문에 비싼 가격에도 인기가 높다.

아이스크림 업체인 콜드스톤Cold Stone 매장에서는 고객에게 아이스크림과 함께 배합하고 싶은 과일, 견과류, 캔디 등의 재료를 직접 고르게 한다. 고객이 고른 재료를 눈앞에서 직원이 차가운 돌판 위에 놓고 아이스크림과 섞어주기 때문에, 직접 생산과정에 참여했다는 느낌이 든다. 이왕이면 내 입맛에 맞는 나만의 아이스크림을 만들어 먹고 싶다는 심리를 활용한 것이다. 별것 아닌 것 같지만, 사람들은 그 만들어 먹는 재미 때문에 콜드스톤

사람들은 작은 일에도 성취감을 느낀다. 그래서 내가 손수 만든, 나만의 것에 더 애착을 갖게 된다.

에 꾸역꾸역 모여든다.

어떤 사람의 본질적인 개성을 표현하는 데 냄새만큼 중요한 것이 없다. 그런데 옷과 핸드백과 헤어 스타일 등은 자기의 취향에 맞춰 택하는 사람이 많지만, 대개 향수는 기성품 중에서 골라 쓸 뿐이다. 예컨대 샤넬 No.5는 마릴린 먼로가 뿌리는 것이나 다른 사람이 뿌리는 것이나 똑같은 제품이다. 맥도날드도 아니고, 어째서 개성이 중요시되는 향수시장에서 나만의 개성 있는 향수를 만들 수 없는 것일까? 그 이유는 까다로움에 있다. 상품화된 향수는 조향사가 잘 배합한 독특한 향을 갖고 있기에, 다른 것과 섞으면 자칫 향기가 더 나빠지기 일쑤다.

그런데 조 말론Jo Malone은 고객 스스로 향수를 겹쳐 뿌려보면서 나만의 향기를 찾아가도록 했다. 마치 집을 짓듯이 첫 향, 핵심 향, 잔향 등의 단계에 걸쳐 나만의 향기를 만들어가므로, '향기를 건축한다'고 표현한다. 물론 향수의 개발 단계서부터 다른 향과 잘 어울릴 수 있도록 만들어야 하므로 특별한 기술이 필요하다.

사람들이 이 향기, 저 향기를 섞어 뿌려보며 자신만의 향기를 만들어가는 과정에서 느끼는 기쁨을 어디에 비기랴. 더구나 사랑하는 이가 그 향기를 마음에 들어 한다면 더 말할 나위 없이 좋을 것이다. 조 말론이 세계 각국의 최고급 향수시장에서 각광받는 이유는 나만의 스타일을 스스로 만들게 해주는 덕분이다.

일본 패션 디자이너인 이세이 미야케Issey Miyake의 라인 중에는

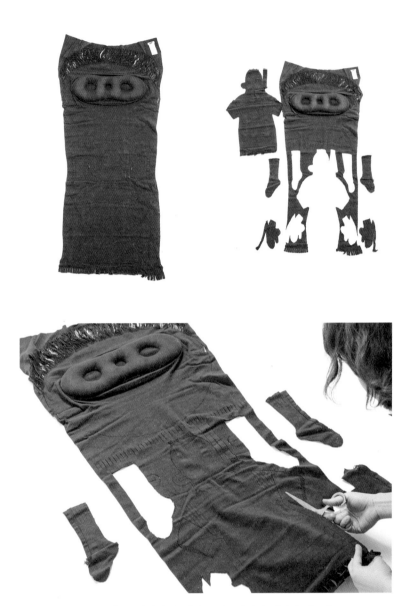

A-POC은 고객이 손수 재단을 마무리하며 만들어 입는다.
내 아이의 옷을 내가 재단해 입히는 기쁨을 어디에 비기랴.

A-POC^{A Piece of Cloth}이라는 브랜드가 있다. 이 제품은 두 겹의 천에 옷 모양이 재단되어 있는데, 완전히 재단되지 않고 중간 중간이 이어져 있다. 브랜드 명이 말해주는 것처럼, 고객은 반만 재단된 '한 필의 옷감'을 집에 가져가서 이어진 부분을 가위로 잘라내야만 비로소 완성된 옷을 입을 수 있다. 고객은 자신이 옷의 제작과정에 참여했다고 느끼고, 나아가 내가 만든 나만의 옷을 입을 수 있다는 자부심을 갖게 된다.

가수 나훈아 씨의 '사랑'이라는 히트곡에는 "이 세상에 하나밖에, 둘도 없는 내 사랑아~"라는 가사가 있다. '유일함'을 이처럼 잘 설명하는 말이 또 있을까. 세상에 둘도 없는 제품을 쓰고 있다는 기분이야말로 아주 특별하고 강력한 차별화 포인트임에 틀림없다.

한 분야의 최고(Best)처럼 보이는가

뛰어난 제품은 말이 필요 없다. 그 자체만으로 최고임을 인정받기 때문이다. 70년 전통의 곰탕집인 하동관에 점심을 먹으러 가면 언제나 차례를 기다리는 줄이 길게 늘어서 있다. 인테리어가 고급스러운 것도 아니고, 특급호텔 같은 서비스도 없지만, 수많은 사람들이 인정하는 맛으로 승부하고 있는 것이다.

최고로 인정받으려면 품질이 무엇보다 중요하지만, 품질만으로 최고를 가리는 것은 아니다. 최고임을 널리 인정받아야 한다. 그러기 위한 세 가지 방법, 점유율 1위(market leadership)라는 인식 심기, 유명인사가 좋아하는 제품(celebrity preference)이라는 인식 심기, 전통 있는 제품(heritage)이라는 인식 심기를 소개한다.

"2등 브랜드 10개보다 1등 브랜드 한 개를"

칸 광고제에서 대상을 받은 독특한 광고의 주인공 컵누들 Cup Noodle 은 닛신 Nissin 식품의 창업자인 안도 모모후쿠가 개발한 컵라면이다. 1970년대에 컵누들은 닛신식품 전체 매출의 절반 이상을 차지하는, 살아 있는 전설과도 같은 효자상품이었다.

모모후쿠에게는 두 아들이 있었는데, 큰아들은 사업을 돕다가 고집 센 아버지와의 갈등으로 끝내 결별하고, 둘째인 안도 고키가 대학을 졸업하고 24세 때 회사에 합류했다. 그는 해외 지사장과 마케팅 부장 등을 두루 거치며 국내외에서 경영수업을 하다가 38세의 젊은 나이에 사장 자리에 올랐다.

그가 CEO가 될 당시, 신화와 같은 컵누들에 안주하던 닛신은 후발업체들과의 경쟁에서 점차 밀리고 있는 상황이었고, 그대로 가다가는 업계 1위에서도 밀려날 지경이었다. 하지만 컵누들은 창업자가 개발한 제품인지라 누구도 함부로 건드리지 못했고, 자칫 자기 매출을 깎아먹을 수도 있어서 신제품 개발 또한 꿈도 꾸지 못하고 있었다.

창업자의 뒤를 이은 2세 경영자들이 기존 경영체제를 '개혁'하지 못해 무너진 것을 수없이 보아온 안도 사장은, 창업자의 카리스마에만 의존하는 회사를 직원 모두 주인이 되는 회사로 바꾸겠노라고 마음먹었다. 그는 1등을 지키기 위해 고심 끝에 어려운 결정을 내렸다. 바로 취임식 현장에서 "타도 컵누들!"을 외친 것이다. 창업자이자 회장이 자리를 지키고 있는 상황에서 2세

경영자가 컵누들을 깨야 한다고 말하는 것은 가히 혁명에 가까웠다.

그는 자신의 계획을 실천에 옮기기 위해 가장 먼저 직원들의 경쟁력을 획기적으로 강화하는 '브랜드 매니저' 제도를 시행했다. 브랜드 담당자가 스스로 경영자가 되어 제품 개발에서 마케팅, 홍보까지 모두 책임지고 브랜드의 매출과 이익을 관리하게 함으로써, 사내 경쟁을 적극 유도하여 긴장감을 조성한 것이다.

그가 직원들에게 끊임없이 주문한 목표는 어떤 분야에서든 1등 브랜드를 만들라는 것이었다. 안도 고키가 직접 쓴 경영에세이 《수성경영, 지키려면 공격하라》에는 그의 경영 노하우가 고스란히 담겨 있다.

"무분별한 가격경쟁에 휘둘리지 않고 사업을 전개해 가려면 브랜드 파워를 지녀야 한다. 아무리 작은 카테고리라도 좋다. 톱브랜드가 되는 것이 최종 목표다. 소비자는 한 가지 분야에서 한 가지 브랜드만을 기억한다. 소매점의 진열대를 우선적으로 차지할 수 있는 넘버원 브랜드가 되려면, 먼저 소비자에게 '오직 그것뿐'인 브랜드가 되어야만 한다."

닛신 직원들의 중요 업무 중 하나는 라면 전문점 순례였다. 그들은 라면을 맛있게 만드는 곳이 있으면 위치를 막론하고 만사 제쳐놓고 달려갔으며, 어떤 재료와 어떤 솜씨로 맛을 냈는지 하나하나 체크했다. 라면 전문점을 순례하며 수집한 정보와 비결은 곧바로 신제품 개발로 이어졌다. 닛신이 소비자 입맛의 변화와 시대의 흐름에 맞추어 기존 제품을 적시에 변형하는 동시에 카레라면, 해물라면, 칠리라면 등 매년 300종이 넘는 신제품을 발매해 간간히 대박상품을 터뜨리는 것은 안도 사장의 이런 노력 때문이었다.

"마케팅이란 팔리는 구조를 만드는 작업이다. 그 구조에서 가장 중요한 것이 신제품을 개발해 브랜드로 만드는 브랜딩 작업이다. 브랜딩의 궁극적인 목표는 톱 브랜드다. 톱 브랜드는 소비자와의 신뢰 관계로 묶여져 있다. 나는 항상 아무리 작은 곳, 작은 분야에서라도 1등이 되는 전략을 취하라고 말한다. 2등 브랜드를 10개 가지고 있는 것보다 1등 브랜드 하나를 가지고 있는 것이 자산가치가 훨씬 더 높기 때문이다."

1위 브랜드라는 인식이 얼마나 중요한지를 실감하게 하는 대목이다.

잘나가는 제품이라는 인식을 심어라

흔히 "창업은 위대하지만, 수성(守成)은 창업보다 더 어렵다"고들 한다. 수성하기 위해서는 끝없는 도전과 새로운 경쟁을 이겨내야 하기 때문이다. 경쟁에서 승리하는 첫 번째 공식은 어떻게 해서든 시장점유율에서 1등을 차지하는 것이다. 햄버거 시장에서 맥도날드가 그랬던 것처럼, 시리얼 시장에서 켈로그가, 과일 통조림 시장에서 델몬트가, 국내 휴대폰 시장에서 갤럭시가, 탈취제 시장에서 물먹는하마가 그랬던 것처럼 1등을 차지하고 지켜야 한다.

삼성전자는 TV든 스마트폰이든 어느 카테고리에서든 무모할 정도로 1등을 지향한다. 세계 최고 수준의 마케팅 파워를 자랑하는 P&G의 기본 전략도 각 제품 분야에서 선두가 되는 것이다. 아이보리Ivory, 팸퍼스Pampers, 타이드Tide, 샤밍Charmin, 비달 사순Vidal Sassoon, 올레이Olay, 크레스트Crest 등, 그들이 만드는 브랜드 40개 이상이 모두 세계 시장점유율 1위를 점하고 있다.

시장점유율 1위라고 해서 반드시 품질이 가장 좋은 것은 아니다. 대부분의 제품은 선두 브랜드와의 기술적인 차이가 두드러지지 않는다. 그래도 점유율 1등을 해야만 최고로 인정받을 수 있다. 차선에 만족하는 것이야말로 '최고(the best)'로 인정받는 데 가장 큰 적이다.

'란체스터의 법칙'은 이미 널리 알려진 원리이긴 하지만 한 번 더 짚어보자. 영국의 항공공학 엔지니어인 프레드릭 란체스터Frederick Lanchester가 1차 세계대전 당시 공중전 결과를 분석해서 발견한 법칙이다. 이 법칙의 요점은 '수적으로 우세인 쪽과 열세인 쪽의 전력 차이는 단순한 수적 차이보다 훨씬 더 크다'는 것이다. 아군의 전투기 5대와 적군의 전투기 3대가 공중전을 벌일 경우 적군의 전투기가 모두 격추될 때까지 생존하는 아군의 전투기는 5에서 3을 뺀 2가 아니라 그 차이의 제곱인 4대가 된다. ($\sqrt{5^2 - 3^2}$, 즉 $\sqrt{25-9} = 4$)

전투력이 비행기 수에 비례하는 것이 아니라 비행기 수의 제곱에 비례한다는 이 법칙을 활용해, 미군은 물량공세를 펼쳐 2차 세계대전에서 좋은 전과를 올렸다. 이 원리를 일본의 경영학자 다오카 노부오가 《란체스터 전략 입문》이라는 책을 통해 소개하면서 경영전략으로도 알려지게 되었다. 이 법칙은 시장점유율 1위를 달성해야 하는 이유를 설명하는 데 널리 쓰인다. 규모가 우세한 기업이 시장 경쟁에서 절대적으로 유리하며, 후발기업의 도전에 총력으로 대응할수록 피해를 최소화하고 경쟁우위를 지킬 수 있다는 것이 핵심이다. 실례로 수동 면도기 시장 1위 업체인 질레트는 후발기업들이 일회용 면도기로 시장점유율을 확보하려 하자 총력을 기울여 일회용 면도기 시장에 뛰어들었고, 이후 수동 면도기 시장 1위는 물론 일회용 면도기 시장마저 석권했다.

1925년 미국 생필품 시장의 점유율을 보면, 비스킷은 나비스코가 1등을 차지했다. 면도기는 질레트, 튀김 기름은 크리스코, 비누는 아이보리, 콜라는 코카콜라, 수프는 캠벨, 차(tea)는 립톤, 초콜릿은 허쉬가 1등이었다. 그렇다면 약 90년 후인 2014년에는 순위가 어떻게 바뀌었을까? 이들 브랜드 모두가 2014년에도 여전히 1등을 차지했다. 대다수의 소비재 제품은 시장점유율에서 큰 변동을 보이지 않는다. 1등에 올라가는 것도 어렵지만 내려오는 것도 힘들다고 말

사람들은 흔히 1등은 뭐가 나아도 낫다고 믿는다. 잘나가는 제품에는 그럴 만한 이유가 있다고 생각하는 것이다.

할 지경이다. 그만큼 1등을 차지하는 것은 중요하다.

아이보리 비누는 시장점유율에서 근소한 차이로 1위를 차지하고 있지만, 여전히 '사람들이 가장 많이 사 가는 비누'임을 강조한다. 미처 결정을 내리지 못한 사람에게 그와 비슷한 부류의 사람들이 어떻게 행동하는지를 말하면 그 행동을 모방하기 때문이다. 입소문(WOM: word of mouth) 마케팅, 바이럴viral 마케팅, 버즈buzz 마케팅 등은 기본적으로 사람들이 가장 많이 사는 제품이라는 소문을 퍼뜨리기 위한 방식들이다. 홈쇼핑의 쇼호스트들이 "가장 인기 있는"이라는 말을 되풀이하는 이유도 사람들의 마음을 파고드는 말이기 때문이다.

한 브랜드가 일단 사람들의 마음에 1등으로 자리 잡게 되면, 그 뒤를 따라가는 회사는 대단히 힘든 게임을 할 수밖에 없다. 사람들은 흔히 1등은 뭐가 나아도 낫다고 생각한다. 남들이 다 사는 제품을 사면 위험 부담이 적다고 믿는 인간의 심리가 선두기업을 도와주는 셈이다. 게다가 많은 사람들은 특정 제품에 익숙해지면 습관적으로 그 제품을 찾게 돼 있다.

심리학자 수잔 피스크Susan Fiske는 사람을 '인지적 구두쇠 (cognitive miser)'라고 표현한다. 우리의 두뇌가 정보 처리를 할 때 많은 에너지가 소모되기 때문에, 되도록 그 에너지를 절약하려 든다는 것이다. 이를테면 제품을 구매할 때마다 그 제품을 새롭게 평가하는 것이 아니라 하던 대로, 즉 습관적으로 구매한다. 또한 모든 제품의 속성을 일일이 파악하여 평가하기보다 다른 사람들이 어떻게 행동하는가를 참조하여 의사결정을 내린다. 그게 더 효율적이기 때문이다.

　그래서 음식점을 고를 때도 기다리지 않고 바로 먹을 수 있는 곳보다 조금 기다리더라도 다른 사람들이 줄지어 서 있는 가게를 택한다. 다른 사람들의 판단을 이용하는 셈이다. 서점의 베스트셀러 역시 마찬가지다. 남들이 그렇게 많이 사 보는 책이라면 뭔가 재미있고 유익할 것이라고 믿는 것이다. 솔직히 100만 부 넘게 팔렸다는 마이클 샌델 교수의《정의란 무엇인가》라는 책을 끝까지 읽은 사람들이 얼마나 될지 궁금하다. 남들이 다 산다기에 나도 사기는 했으나 끝까지 읽기는 쉽지 않은 책이었다.

　사람들은 호기심이 많아서, 남들이 관심을 갖는 데는 다 그럴 만한 이유가 있다고 믿는다. 이태원에 가면 스탠딩 커피Standing Coffee라는 허름한 카페가 있다. 간판도 흰색 바탕에 굵고 검은 대문자로 이름만 쓰여 있다. 길가에 높은 의자와 테이블을 내놓긴 했어도 앉기엔 다소 불편하다. 남자 둘이 열심히 커피를 만들어 주는데, 결코 불친절하지는 않지만 바빠서인지 의도적으로 시크chic한 스타일을 연출하는 것인지, 그다지 친절하게 손님을 맞으려 하지도 않는다. 커피 맛이 나쁜 것은 아니지만, 요즘 워낙 맛에 신경 쓰는 카페가 많은 걸 감안하면 딱히 더 맛있지도 않다. 그런데 늘 사람들이 길게 줄을 서 있다. 지나가던 사람들까지 "저 집이 뭔데 저렇게 줄을 서지?" 하고 궁금해하며 덩달아 줄을 선다. 이처럼 손님이 몰리는 집에는 손님이 더 오기 마련이다.

유행의 원리 역시 마찬가지다. 남들이 다 입는 브랜드를 나도 입어보겠다는 심리다.

여기에 사람의 기억도 1위 브랜드를 더욱 굳건하게 만든다. 1위 브랜드는 자연히 브랜드나 디자인의 노출이 잦기 때문에 사람들의 뇌리에 더 잘 각인되고, 마치 부익부 빈익빈 현상처럼 매출도 점점 늘어난다.

또한 기업 측면에서 보면 '규모의 경제' 효과를 무시할 수 없다. 시장점유율 1위란 경쟁사보다 매출이 많음을 의미하므로, 결과적으로 제품 원가나 판매비용이 감소한다. 품질의 고하를 막론하고 비용절감은 경쟁력을 강화시킨다. 예전에 GE에서 기업의 경영성과에 영향을 미치는 시장 전략요인이 어떤 것인지 알기 위해 대규모 연구를 진행한 적이 있다. 그 유명한 PIMS(Profit Impact of Market Strategy) 조사다. 미국과 유럽 450개 기업의 3,000여 개 사업체를 대상으로 진행한 이 연구보고서의 주요 결론은 '높은 시장점유율이 높은 수익을 낳는다'는 것이었다. 시장점유율이 큰 기업은 상대적으로 규모의 경제 효과를 누릴 수 있기에 원가 우위를 확보할 수 있고, 결국 수익성이 좋을 수밖에 없다.

무엇보다 간과해서는 안 되는 것이 바로 구성원들의 자긍심이다. 1등 브랜드 회사에 근무한다는 자부심은 직원들의 자신감을 배가하고, 그 자체로 성과 향상의 동기부여가 된다.

그러므로 어떤 분야에서건 1등임을 자랑하라. 음료수 중에 1

등이 아니거든, 건강음료 중에 1등이라고 외쳐라. 건강음료 중에 1등이 아니거든, 주스 중에 1등이라고 외쳐라. 주스 중에 1등이 아니거든, 오렌지 주스 중에 1등이라고 외쳐라. 좌우간 어디서든 1등임을 외쳐라.

"뭘 좀 아는 사람에게 한번 물어보세요"

언제부턴가 아웃도어와 평상복을 구분하는 게 무의미할 만큼, 일상에서 아웃도어를 입는 사람들이 많아졌다. 라이프스타일의 변화 때문이기도 하겠지만, 전문성과 패션 브랜드로서의 만족감을 모두 충족하는 브랜드가 늘어나고 있기 때문일 것이다. 캐나다구스는 그러한 브랜드의 선두주자다.

캐나다구스의 전신인 매트로 스포츠웨어는 1957년부터 울 셔츠와 재킷 등을 생산해온 중견 기업이었다. 그들이 스노구스Snow Goose라는 브랜드로 구스다운goose-down 파카를 생산하기 시작한 것은, 창업자 샘 틱의 사위인 데이비드 라이스가 사업에 참여하면서부터였다. 라이스는 거위털을 쑤셔 넣는 대신에 공기를 이용해 주입하는 자동식 기계로 특허를 취득한 후, 회사의 주력 사업을 다운파카로 바꿔놓았다. 공기를 이용해 주입하면 볼륨감이 생기며 털이 덜 뭉치는 이점이 있다.

캐나다의 겨울은 거의 반년이나 지속되며, 영하 30~40도의 혹한도 드물지 않을 만큼 매섭다. 이렇게 추운 캐나다에는 이미 여러 파카 브랜드들이 있었는데, 대부분은 동남아 등지에 공장을 둔 비싸지 않은 제품들이었다. 반면 매트로 스포츠웨어는 어려운 현실에서도 자국 생산을 고집하며 최고의 품질을 내세웠다. 하지만 다운파카를 방한용으로만 생각하는 캐나다인들은 그저 실용성만 충족하면 되었기에, 값비싼 스노구스가 그리 각광받지는 못했다.

아버지에게서 사업을 물려받은 대니 라이스는 처음으로 유럽에서 열린 트레이드 쇼를 보러 갔는데, 이것이 브랜드의 운명을 바꾸어놓는 계기가 되었다. 최고의 품질을 고집하는 브랜드의 진정성에 유럽인들이 긍정적으로 반응하는 것을 본 그는 확신을 얻어 브랜드를 강화하는 데 총력을 기울였다. 우선 스노구스라는 브랜드 명을 캐나다구스Canada Goose로 바꾸었다. 구스(거위)와 캐나다라는 이미지가 잘 맞아떨어진다는 것을 캐치한 것이다. 이것으로 기존의 다운파카 카테고리에 진입할 수 있는 기반을 마련했다. 그는 이제 차별점에 대해 고민하기 시작했다. 무엇으로 차별화할 것인가?

이때 대니 라이스는 기발한 마케팅 전략을 생각해낸다. '누가 이것을 입는지' 말해주자는 것이었다. 즉 일반 대중이 즐겨 찾는 옷은 아닐지라도, 전문가들은 이 옷을 입는다는 것을 보여줘야겠다고 생각한 것이다. 그래서 "뭘 좀 아는 사람에게 한번 물어보세요(Ask anyone who knows)"라는 말을 브랜드 슬로건으로 내세운다.

이 당돌한 문구는 캐나다구스의 방향성을 한마디로 정리해준다. 여느 브랜드라면 자사 제품의 기능이 얼마나 탁월한지를 광고로 풀어냈을 테지만, 캐나다구스는 홍보자료도 배포하지 않았다. 구태여 PPL도 하지 않았다. 대신 그들은 구전 방식을 택했다. 브랜드의 근본적인 성공 요인이 제품 자체에 있다고 보았기 때문이다.

이들은 극지방 탐험대와 석유 시추 종사자들, 남극에서 활동 중인 연구자들과 추위 속에서 영화를 촬영하는 스태프들에게 무상으로 파카를 제공했다. 다운파카의 본질이 '최고의 방한기능' 임을 누구보다 잘 알고 이해하는 사람들에게서 해답을 찾은 것이다. 패딩 파카를 유행시킨 몽클레어가 '고급 패션'으로 성공했다면, 캐나다구스는 패션보다는 '전문가용'이라는 이미지를 셀링 포인트로 삼았다. (참고로, 캐나다구스를 우리나라에 들여올 때는 연예인들이 입는 패션아이템으로 자리매김하였다. 아무래도 추운 곳에서 일하는 전문가에 대한 이미지가 약하기 때문이었다.)

캐나다구스가 공을 들이는 사람들은 또 있었다. 바로 '구스 피플'이라 불리는 사람들인데, 캐나다인 최초로 에베레스트를 등정한 로리 스크레슬릿, 캐나다 원주민 출신 여배우 애너벨러 피카틱, 개썰매 레이스에서 3회 우승한 챔피언 랜스 매키 등이 이에 속한다. 그들은 캐나디 국민들에게 영웅처럼 여겨진다.

아니나 다를까 극한 상황에서 '생명의 파카'로 통하던 캐나다구스는, 실제로 입어본 사람들의 입에서 입으로 그 진가가 널리 알려졌다. 또한 분주하게 움직이는 영화 스태프들이 입은 파카를 보고 할리우드 스타들이 알아서 구매하기 시작했다. 스타들이 입은 것을 보고서 일반 대중도 따라 입게 되었다. 캐나다구스의 마케팅 담당 부사장 케빈 스프릭 미스터는 "수많은 기업이 브랜드를 영화에서 보여주기 위해 돈을 지불하지만, 캐나다구스는 제작진과 의상 담당자들에게 제품 자체를 인정받아 영화에 채택된다"고 말한다.

유명인사가 좋아하는 제품이라는 인식을 심어라

사람들은 꿈을 갖고 산다. 꿈은 두 가지 차원으로 나뉜다. 하나는 기대적 동경(anticipatory aspiration)으로, 지금은 아니지만 언젠가는 그렇게 되리라는 꿈이다. 어린아이가 자기도 박지성처럼 될 거라는 꿈을 갖고 열심히 축구를 하는 경우다. 그런 아이들은 박지성의 백넘버가 붙은 트레이닝복을 입고 뛰고 싶어 한다. 다른 하나는 상징적 동경(symbolic aspiration)으로, 지금도 앞으로도 될 가능성이 없지만 그래도 여전히 동경의 대상으로 삼는 꿈이다. 자기의 능력이나 나이를 보았을 때 좋아하는 가수처럼 될 수는 없겠지만, 그 사람과 같은 브랜드라도 쓰고 싶은 마음이다. 최고임을 인정받는 두 번째 방법은 '누가 좋아하는 제품'이라고 소문을 내서 이와 같은 사람들의 동경심을 자극하는 것이다.

독일의 스포츠용품 업체인 푸마는 별다른 특색을 어필하지 못한 채 사람들의 관심에서 멀어지면서 1993년에는 파산 직전까지 가게 되었다. 새롭게 영입된 요헨 자이츠Jochen Zeitz 사장은 유명 디자이너들의 도움을 받아 디자인으로 승부를 걸려고 했지만 뜻대로 되지 않았다. 그러다 2002년에 인기 가수 마돈나가 공연 투어 중 산타모니카의 한 매장에 들러 푸마 신발을 16컬레나 산 것이 브랜드를 알리는 획기적인 계기가 되었다. 훗날 자이츠 사장은 "이 일로 제품의 정통성을 인정받게 되었다(It legitimized products)"고 회고한다. 그 후 2년도 지나지 않아 푸마의 시장점유율은 거의 3배로 뛰어올랐다.

사람들은 사회적 지위와 소속감을 자랑하고 싶은 마음을 간접적으로나마 표현한다. 유명인사가 좋아한다는 제품을 사용함으로써 후광효과를 맛보려 하는 것이다.

지금도 여성들의 로망으로 불리는 켈리백은, 영화배우이자 모나코의 왕비였던 그레이스 켈리가 임신한 배를 커다란 에르메스Hermes 가방으로 가리면서 처음 화제가 되었다. 에르메스는 즉각 그 가방에 '켈리백'이란 애칭을 붙였고, 덕분에 지금도 구매하려면 2~3개월을 기다려야 하는 선망의 제품이 되었다. 오히려 켈리백이 에르메스가 더욱 널리 알려지는 데 큰 공헌을 했다고 해도 과언이 아니다.

유명인사가 사랑한 제품이라는 이미지를 기업에서 가장 적극적으로 활용하는 것 중 'PPL(Product PLacement) 마케팅'을 들 수 있다. 미국뿐 아니라 우리나라에서도 히트한 TV 드라마 〈섹스 앤 더 시티Sex and the City〉가 방송되었을 때, 출연자들이 쓰는 제품이나 방문하는 식당들은 즉각 유명세를 탔다. 사람들은 PPL이 일종의 광고인 줄 알면서도 자신이 좋아하는 연예인이 쓰는 소품이나 옷을 기꺼이 산다.

연예인들이 일반인들과 뒤섞이는 순간은 비행기를 타는 때다. 그들이 무슨 옷을 입고 어떤 가방을 들고 공항에 나타나는가는 '공항패션'이라는 이름으로 화제가 된다. 패션 회사들이 이 순간을 놓치지 않고 앞 다투어 자신들의 브랜드를 입히려 한다는 것은 널리 알려져 있다. 연출된 옷을 입는 줄 알지만, 사람들은 연예인이 입거나 들었던 제품을 사고 싶어 한다. 그와 동일한 물건을 쓴다는 것만으로도 동질감을 느끼기 때문이다. 음식점에 유명인사가 다녀간 사진이나 사인 등을 걸어놓는 것도, 명사가 즐겨 찾는 최고의 식당임을 인정받으려는 의도다.

왜 사람들은 유명인사의 취향을 따라 하려 할까? 사람들은 성공, 권력, 혹은 매력, 인기가 많거나 다른 여러 면에서 존경받는 사람들과 어울리고 싶어 한다. 직접 사귀지는 못할지라도 그들이 쓰는 제품을 공유하기만 해도 후광반사 효과(BIRG : Basking In Reflected Glory, 직역하면 '반사된 영광의 빛을 쪼이기')를 경험할 수 있기 때문이다. 가끔 보면 유명인사들의 이름을 친한 척하며 슬쩍 흘리거나 영화배우, 역사적 인물 또는 유명인과 친분이 있다고 자랑하는 사람들도 있지 않은가. 어디에 갔는데 유명 배우를 봤다거나 어떤 스포츠 스타가 우리 고향 출신이라고 자랑하는 행동 등은 연결고리가 헐겁긴 하지만 모두 후광반사 효과를 누리기 위한 것이다.

후광반사 효과는 상징적으로 연결되는 경우가 많다. 가장 흔한 예가 성적이 좋은 스포츠 팀과 연계함으로써 자신을 돋보이게 하는 것이다. 《설득의 심리학》을 쓴 로버트 치알디니Robert Cialdini 교수가 오하이오 대학에서 진행한 조사결과에 의하면, 대학생들은 주말 풋볼 경기에서 팀이 패배했을 때보다 승리했을 때 월요일 아침에 학교 이름이 새겨진 옷을 더 많이 입고 등교하는 것으로 나타났다. 이 밖에도 대체로 학교 팀의 승률이 높을수록 학생들은 학교를 상징하는 의상을 더 많이 입는다.

친구를 보면 그 사람을 알 수 있다는 말처럼, 누구를 선망의 대상으로 택하느냐에 따라 자신의 사회적 이미지는 향상될 수도 있고 실추될 수도 있다. 유명인 따라 하기는 자신과 연결된 사람이나 사물에 대한 정보를 전략적으로 관리한다는 측면에서, 이미지 관리의 간접적 형태라고 볼 수 있다.

우리 브랜드를 누가 쓰는지는 브랜드의 품질과는 사실상 직접적인 관련이 없다. 그러나 누가 쓴다는 것을 알리는 것이 제품을 알리는 좋은 방법임에는 틀림없다. 1990년대 미국 시장은 음료수도 다양해지고 비타민 제품도 많아지면서, 우유의 수요가 날이 갈수록 줄어가고 있었다. 그래서 미국의 낙농업자들은 우유가 건강에 좋다는 사실을 점점 더 크게 외쳤다. 기왕 뭔가 마시려면 건강에 별 도움도 안 되는 다른 음료수를 마시지 말고 우유를 마시라는 말이 잘못인가? 아니다. 하지만 수요는 급격히 떨어져만 가고 있었다.

GS&P라는 광고대행사는 음료수의 품질을 강조하는 것으로는 다른 음료수를 이길 수 없음을 깨닫고, 누가 마시는지를 보여주기로 결심한다. 그들은 'Got Milk(우유 마셨어요?)'라는 캠페인 아래 유명인들이 우유를 마시고 난 후 입술 위에 우유 콧수염이 남은 모습을 보여줬다. 그 결과, 제품의 우수성을 전혀 언급하지 않았는데도 우유의 수요는 폭발적으로 증가했다. 유명인들이라고 우유 전문가도 아닌데, 그들도 즐겨 마시는 우유라는 점이 다른 음료수와 차별화 포인트로 작용한 것이다.

"100년이 넘는 역사를 팝니다"

후쿠오카의 하카타에 가면 카로노 우동이라는 가게가 있다. '모퉁이의 우동집'이라는 뜻의 카로노 우동은 100년 넘는 역사를 지닌 식당이다. 역사의 흔적이 느껴지는 허름한 미닫이문을 열고 가게 안으로 들어서면, 세월의 흐름을 말해주는 소품들이 진열되어 있고 식당 벽에는 나무로 만든 메뉴판들이 가지런히 걸려 있다.

이 집의 추천메뉴는 동네 명물 명란젓인 멘타이코가 들어간 우동이다. 멀건 우동 위에 명란젓 하나가 덜렁 놓여서 나오는데, 식탁 위 큰 그릇에 수북하게 담긴 파를 넣어야 맛이 좀 난다. 밍밍한 우동에 파가 신선한 맛을 더하는 것이다.

일본에서 살았거나 일본여행을 많이 해본 사람들은 우동과 소바가 일본인들에게 얼마나 중요한 음식인지 잘 안다. 지하철역 근처와 역내에는 아침부터 우동을 먹으려는 사람들이 줄을 서고, 불편하게 서서 먹는 음식점도 자리가 꽉 찬다. 도쿄에는 그 역사가 에도 시대까지 거슬러 올라가는 소바집들이 지금도 성업 중이다. 롯본기에서 아자부주반 방면으로 조금 내려가는 곳에 자리한 사라시나 호리이更科堀井 소바집은 1789년에 창업했다니 무려 225년이나 된 집이다. 메밀껍질을 일일이 벗겨서 만든 눈처럼 하얀 소바는 이 집의 명물이다.

그런데 우동이나 소바에 각별한 관심이 있으면 모를까, 정작 가서 먹어보고 일반인들이 대단한 차이를 느끼기란 쉽지 않다. 그래도 역사가 오래된 집이라고 하니까, 일부러 그 집의 음식을 먹기 위해 멀리서 지도를 들고 찾아온다. 다른 곳이었으면 불편했을 법한 오래된 메뉴판과 기름에 쩔고 쩔은 식탁, 허름한 의자가 오히려 빈티지의 풍취를 더한다. 과연 수백 년 동안 대를 이어왔다는 우동 한 그릇에 대단한 비법이 존재하는 것일까? 사실의 유무와 관계없이 사람들은 무언가 감탄할 거리를 찾으려 애를 쓰며 한 입 한 입 음미한다.

전통 있는 제품이라는 인식을 심어라

알다시피, 빈티지vintage란 말은 원래 특정한 포도주가 생산된 연도를 의미한다. 실제로 오래 묵은 와인의 맛을 식별하고 즐길 줄 아는 사람은 그리 많지 않다. 하지만 빈티지가 오래된 와인이라면 그 숙성의 세월을 인정해주려고 한다. 노스탤지어를 자아내는 빈티지 풍의 인테리어를 한 까페베네나 아예 낡은 옷처럼 만들어 파는 청바지 등은 모두 세월의 때가 묻은 듯한 멋내기로 차별화하려는 시도라 볼 수 있다.

일본의 오래된 식당들이 수백 년 된 낡은 가게의 분위기를 유지하는 것도 진정성(authenticity)을 인정받는 근거가 되기 때문이다. 헤리티지(heritage, 대대로 물려받은 전통)는 그 자체만으로 최고임을 인정받는 수단이 된다. 대를 이어 전해오는 데는 다 이유가 있다고 믿는 것이다.

소위 명품이라 불리는 제품들은 저마다의 헤리티지를 갖고 있다. 그들의 웹사이트에 들어가 보면 한결같이 전통(tradition)이나 유래(history)를 강조한다. 1837년 설립된 티파니는 최상급의 원석을 더욱 아름답게 보이도록 하기 위해 끊임없이 기술을 개발해왔다. 예를 들어 6개의 백금 발로 보석을 받쳐 보석이 더 빛나 보이게 하는 특별한 세팅(six-prong setting) 기술은 '티파니 세팅'이라는 이름으로 널리 알려져 있다. 매년 새로이 개발되는 가공기술과 티파니의 보석들 사이에 얽힌 사연은 그들의 오랜 역사로만 가능한 고유 자산이다. 유럽의 귀족에게 마구를 납품하기 위한 작업장에서 시작된 에르메스의 기원 역시 170년 전으로 거슬러 올라간다. 바이올린이 좋은 소리를 내려면 세월이 필요하듯이, 장구한 세월을 거치며 차곡차곡 쌓인 역사는 어떤 분야에서 최고임을 인정받는 데 필수불가결한 조건이다.

기업만의 스토리와 역사는 변하지 않기에 지속 가능한 차별점이 될 수 있다. 따라서 브랜드의 역사를 소중히 관리해야 한다. 120년 전통의 부채표 활명수는 "부채표가 없는 것은 활명수가 아닙니다"라고 자랑스레 이야기할 수 있다. 하지만 전통은 끊임없이 갈고닦지 않으면 쉽게 빛이 바랠 수 있다는 점에 유의해야 한다. 헤리티지를 계승, 발전시키는 데는 피가 마르는 노력이 필요하다.

'하지만 우리 기업은 오랜 역사가 없는데 어떡하란 말인가?' 이런 푸념을 하는 기업이 있을지도 모르겠다. 역사가 오래된 기업이나 명품 브랜드만이 헤리티지를 통해 차별화할 수 있는 것일까? 그렇지 않다. 21세기 패션을 주도하는 신진 디자이너들 중에는 벨기에의 앤트워프Antwerp 출신이 많다. 인구 50만에 불과한 작은 항구도시 앤트워프에 있는 로열 아카데미Royal Academy를 졸업한 후에 세계적인 명성을 쌓아 '앤트워프 식스Antwerp Six'라 불리는 6명의 디자이너가 대표적인 예다. 그중 한 명인 드리스 반 노튼Dries Van Noten의 본점에 가보니 입구에 '1989년부터(Since 1989)'라고 쓰여 있었다. 고작 25년여의 역사지만, 그것을 중요시하고 자랑스럽게 여기고 있다는 사실이 물씬 느껴졌다. 품질이 좋다는 데 그치지 않고, 늦었다고 생각한 그 순간부터라도 역사와 전통을 강조함으로써 전략적 차별화를 시도하려는 노력이다.

오랜 기간 팔려온 제품이라면, 사람들은 그럴 이유가 있다고 생각한다.

싱가포르의 명품 차(tea) 브랜드로 잘 알려진 TWG는 도쿄,

런던, 홍콩, 두바이, 서울 등에 TWG살롱을 운영하고 있다. 아시아의 고급 호텔에 가면 무조건 TWG가 나올 정도다. 그런데 이 브랜드의 스토리는 꽤나 흥미롭다. TWG에 'Since 1837'이라고 적혀 있어서 으레 역사가 오래됐다고 생각하기 쉬운데, 실제로 이 브랜드가 탄생한 것은 2008년이다. 1837년은 이 브랜드의 탄생 연도가 아니라 싱가포르에 상공회의소가 설립된 연도다. 싱가포르는 상공회의소가 들어서면서 차 무역의 중심지로 급부상했는데, TWG는 나름대로 의미 있는 '1837년'을 자신의 헤리티지에 활용하고 있는 셈이다.

'옛날 옛적에~'로 시작되는 옛이야기에 빠져들었던 어린 시절부터, 사람들은 재미있는 이야기에 귀를 기울이곤 한다. 그 이야기에 오랜 세월과 가치까지 담겨 있다면 더더욱 즐기게 될 것이다. 이 때문에 최근에는 다양한 기업들이 경영철학이나 가치라는 측면에서 헤리티지를 만들려고 노력하고 있다. 브랜드에 대한 신뢰와 가치를 높임으로써 경쟁 기업과 차별화하겠다는 장기적인 포석이다. 남들이 갖지 못한 '세월'을 자기 것으로 만드는 전략이야말로 훌륭한 차별화 방안이 아닐 수 없다.

어떤 방향으로
보여줄 것인가

　서툰 마케터는 자신이 다루는 제품에 내세울 차별점이 없다고 투덜댄다. 매번 고만고만한 제품만 만든다고 제품개발팀을 원망하기도 한다. 그런데 '하늘 아래 새로운 것은 없다(There is nothing new under the sun)'고 하지 않던가. 세상을 놀라게 할 만큼 기술적으로 뛰어난 제품은 매우 드물다. 마케터는 제품개발팀에 현격한 차이가 나는 기발한 제품을 만들라고 요구할 것이 아니라, 소비자에게 어떠한 인식을 심어주어 차별화를 피부로 느끼게 할 것인지 고민해야 한다.

　천하의 코카콜라도 한때 펩시챌린지 캠페인에 도전을 받고 새로운 맛의 뉴코크New Coke를 내놓았다가 큰 실패를 겪었다. 하지만 대신에 마케팅의 핵심이 되는 큰 교훈을 얻었다. "병 속의 것을 바꾸는 것은 힘들다. 그 주변의 것들을 바꿔가면서 승부를 걸어보자(We cannot change what's inside the bottle. So innovate around them)"는 것이다. 그 교훈을 우리도 함께 나누면 어떨까.

소비자의 관점에서 보면, 보인다

사람들로 하여금 새로운 행동을 하게 할 때는 크든 작든, 명확한 이유를 제시해야 한다. 특히 미처 생각지 못한 새로운 가치를 구매의 이유로 제시하면, 사람들은 그 이유의 경중에 관계없이 행동으로 옮기는 경향이 있다. 그러므로 우리는 소비자들이 '무엇을 사는가?'에만 주목할 것이 아니라, '왜 사는가?'에 관심을 기울여야 한다.

차별화에 신경 쓰다 보면 소비자의 관점을 잊고, 자꾸 기술적인 실력을 과시하려 들게 된다. 소비자의 관점을 이해하기 위해, 3부에서 설명한 아홉 가지 전술들이 왜 효과가 있는지 일반 대중의 심리를 다시 읽어보자.

최초(the first)

남보다 먼저 시작했다는 인식을 심어라 : 왜냐하면, 사람들은 늘 새로운 것을 추구하기 때문이다. 그들은 '최초'이거나, '처음'이거나, '오리지널'인 것을 본능적으로 좋아한다.

최신이라는 인식을 심어라 : 왜냐하면, 사람들은 사회적 동물이기 때문이다. 자신이 속한 집단에서 유행이나 트렌드에 뒤처져 보이고 싶어 하지 않는다.

시대사조에 발맞추고 있다는 인식을 심어라 : 왜냐하면, 사람들은 단순히 '시대의 유행'을 좇는 데 그치지 않고, '시대의 철학'에 맞추고 싶어 하기 때문이다. 그럼으로써 진정으로 앞서가는 사람이란 인상을 주고자 한다.

유일(the only)

독특한 디자인이라는 인식을 심어라 : 왜냐하면, 사람들은 기회만 되면 남다름을 나타내고 싶어 하기 때문이다. 그중에서 가장 쉬운 방법은 눈에 띄는 디자인의 제품을 쓰는 것이다.

특정 분야의 전문업체라는 인식을 심어라 : 왜냐하면, 사람들은 위험을 회피하려 하기 때문이다. 그래서 동네병원 의사보다 전문의를 더 신뢰한다. 제품에 대해서도 마찬가지다.

소비자가 생산과정에 동참한다는 인식을 심어라 : 왜냐하면, 사람들은 작은 일에도 성취감을 느끼기 때문이다. 그래서 내가 손수 만든, 나만의 것에 더 애착을 갖게 된다.

최고(the best)

어떤 세분시장에서든, 점유율 1위라는 인식을 심어라 : 왜냐하면, 사람들은 남들을 모방하려는 심리가 있기 때문이다. 잘나가는 제품에는 그럴 만한 이유가 있다고 생각한다.

특정 유명인사가 좋아한다는 인식을 심어라 : 왜냐하면, 사람들은 후광반사 효과(BIRG)를 즐기기 때문이다. 자신의 사회적 지위와 소속감을 자랑하고 싶은 마음을 간접적으로나마 표현하려 한다.

전통 있는 회사 또는 제품이라는 인식을 심어라 : 왜냐하면, 사람들은 시간이 주는 가치를 경험적으로 알기 때문이다. 오랜 기간 팔리는 제품이라면 그럴 만한 이유가 있다고 생각한다. 또한 오랜 기간 쌓아온 '명성'도 즐기려 한다.

차별화는 한마디로, '어떻게 다른 점을 인정받는가 하는 게임'이다. 반복해서 말하지만, 실제 차별화된 제품을 만드는 것 못지않게 소비자들에게 특징적인 차별점을 인식시키는 것이 중요하다. 오늘날 소비자의 머릿속은 기업들이 퍼붓는 마케팅의 융단폭격으로 대단히 복잡하고 혼란스러운 지경이다. 따라서 우리는 사람들이 우리에 대해 알았으면 하는 것들에 좀 더 명확히 초점을 맞춰야 한다. 이것이 바로 바람직한 커뮤니케이션 방향이다.

이중으로 복선을 깔아라

2부에서 다룬 다섯 가지 경쟁력은 감추어진 칼날이 되는 것이 좋다. 소비자가 우리 브랜드를 선택하도록 하려면 칼날을 드러내지 않을 다른 명분이나 이유를 주어야 한다.

가령 미샤는 '저가격'이 경쟁력이지만, 디자인에 신경을 써서 전반적인 포장이나 매장, 로고마저 뒤지지 않았다. 만약 미샤가

싼 가격만 내세웠다면, 미샤 제품을 구매한 사람은 쇼핑백은 버리고 구매한 제품만 핸드백에 얼른 감출지도 모른다. 그러나 하얀 바탕에 빨간 꽃잎 5개의 로고가 예쁘게 그려진 쇼핑백을 들고 다니는 젊은 여성은 마치 "아, 나도 어떤 것은 샤넬도 써요. 하지만, 재미로 바르는 색조 화장품 정도야 미샤를 쓰는 센스는 있죠"라고 말하는 것 같다. 그런 구매의 명분을 갖도록 도와주는 것이 마케팅의 역할이다.

'가성비'를 경쟁력으로 삼는다고 해도, 더바디샵은 친환경 자연주의라는 시대사조를 기치로 내세우고 있으며, 하바이아나스는 재미있고 다양한 디자인으로 커뮤니케이션한다. 사람들은 품질 대비 가격이 저렴해서 구매한다고 말하기보다 친환경 제품이기에 더바디샵을 구매하고, 재미있는 디자인이기에 하바이아나스를 구매한다고 말하고 싶어 한다. 이처럼 소비자들에게 구매의 명분을 제공해야 한다. 가성비가 좋을지언정 이를 겉으로 내세우는 일은 하수들의 특색 없는 커뮤니케이션 전략이다.

또한 남다른 '기능'을 경쟁의 원천으로 하더라도, 각 브랜드가 소비자들에게 내세우는 점은 다르다. 딤채는 김치냉장고의 원조임을 내세운다. 총각네 야채가게는 언제나 최신의 신선한 제품임을 강조해 각을 세운다. 프라이탁은 재활용이라는 환경보호의 시대사조에 딱 맞는 제품임을 소비자에게 어필한다. 팸퍼스는 강력한 흡수력을 직접 내세우지 않고 아기 엄마들이 가장 많이 사가므로 시장점유율 1위가 되었다는 점을 알린다.

그뿐인가. 더치보이는 물론 '품질'이 좋지만, 내세우는 것은 페인트 통을 열고 닫기 편하게 한 디자인이다. 스타우브는 제품 자체에 대해서도 자랑하지만 프로 셰프를 위해 전문업체가 만든 제품임을 강조한다. 브롬턴은 너비 10인치, 무게 10kg 이하라는 품질을 내세우기보다 고객이 직접 선택한 재질과 색깔로 자전거를 만들 수 있음을 차별점으로 내세운다.

이번에는 '명성'을 경쟁력으로 내세우는 제품들을 보자. 레이밴은 파일럿들의 필수품으로 개발한 제품으로 선글라스의 지존임을 내세운다. 키엘은 마치 전문 약제사가 만들어준 화장품 같은 분위기를 연출한다. 조 말론은 소비자가 자신만의 향기를 만들 수 있도록 시스템을 구축해 좋은 반응을 이끌어냈다. 뱅앤올룹슨은 독특한 디자인으로 사람들의 눈길을 끈다.

루이비통은 숀 코네리나 안젤리나 졸리, 카트린느 드 뇌브와 같은 유명배우, 슈테피 그라프나 앤드리 애거시, 마이클 펠프스 등 당대 최고의 운동선수들, 나아가 고르바초프 같은 화제의 정치인까지 광고에 등장시키며 강력한 고급 이미지를 만들었다. 그런가 하면 티파니는 180년에 가까운 오래된 역사와 해마다 있었던 브랜드 관련 에피소드들을 이야기의 소재로 삼는다.

소위 4P라 일컫는 마케팅 요소 중에 제품(product), 가격(price), 유통(placing)은 제품의 물리적인 또는 '실제적인 차이'를 보여준다. 반면 광고를 포함한 판촉(promotion)은 제품 그 자체와 관련 있는 것은 아니지만, 사람들에게 제품에 대한 컨셉과 이

인식상의 차이점	가격	가성비	기능	품질	명성
최초 The First					
가장 먼저 시작한 제품임을 인식시킴			금제		레이밴
최신의/신선한 제품임을 인식시킴	자라	중고나라	야채가게		샤브
시대사조에 맞춘 제품임을 인식시킴		더바디샵	프리미엄		에이숍
유일 The Only					
독특한 디자인의 제품임을 인식시킴		허바이어니스	조선호텔	더치보이	방연 오롤스 클럽스
전문업체가 만든 제품임을 인식시킴	미샤		평권복	고아텍스 스타우브	브룸턴 조 말론
생산에 동참시키는 제품임을 인식시킴					
최고 The Best					
점유율 1위의 제품임을 인식시킴		월마트	닛신	팔파스	
유명인도 사용하는 제품임을 인식시킴					캐나다구스 루이비통
전통이 있는 제품임을 인식시킴			카르노우동		TWG 티파니

미지를 만들어주므로, '인식상의 차이'를 창출한다. 말하자면 어떻게 '커뮤니케이션'을 하느냐의 이슈다.

요약건대, 2부에서 설명한 '어떻게 실제적인 차이를 만드느냐'는 차별화 추진의 동력이자 브랜드의 실질적인 경쟁력이 되는 셈이다. 실제적인 차이 없이 차별화하려는 것은 모래 위에 집짓기다. 그러나 이에 더해 또 다른 차원의 차별화가 필요한데, 바로 3부에서 설명한 '어떻게 인식상의 차이를 만드느냐'이다. 이 두 가지 차원을 동시에 고려하여 복선을 깔아야만 차별화가 비로소 완성된다.

세상에는 무수한 차별화 성공 사례들이 있다. 여기서는 일단 이 책에 나온 사례를 중심으로 앞의 표(215쪽)를 만들었다. 나머지 칸을 메워보는 것은 독자의 몫이다. 여러분의 머릿속에 있는 훌륭한 성공 기업의 이야기들을 떠올리며 칸을 채워보자. 물론 궁극적인 목표는 여러분 자신의 이야기로 채우는 것이다.

타깃을 좁힐수록 시장은 더 커진다

차별화를 보여주는 기본 방향은 아홉 가지 커뮤니케이션 범위에 대부분 속한다. 아홉 가지 중에서 두 가지 이상의 특징을 가질 수도 있을 것이다. 하지만 두세 가지를 동시에 주장하려고 욕심내지는 말라. 내가 잘하는 것의 대부분은 경쟁사도 잘한다. 대신에 한두 가지를 간결하고 강력하게 제시하라. 포커스가 작을

수록 큰 브랜드가 된다. 포커스를 확대하고 싶은 유혹을 참는 것이 지혜로운 마케터가 되는 길이다.

이러한 포지셔닝positioning은 당연히 타기팅targeting과도 밀접한 관련을 갖는다. 간혹 신제품을 들고 와서 내게 마케팅에 대한 자문을 구하는 이들이 있다. 그때 내가 가장 먼저 하는 질문이 "누가 주 타깃인데요?"이다. 놀랍게도 많은 마케터들이 "젊은 사람들이 주 타깃이지만, 나이 드신 분들이 쓰셔도 좋고, 여성들뿐 아니라 남성들도 이러저러한 때 사용하는 제품"이라며 모든 사람을 바구니에 다 넣고 싶어 한다. 그러나 이상적인 타깃(ideal target)은 좁혀 보아야 한다.

언제부터인가 이자카야 매장이 하나둘 생기더니, 이제는 가로수길이나 서래마을에 가면 한집 건너 이자카야다. 살아남기도 힘든 이 시장에서 100개가 넘는 프렌차이즈를 거느리게 된 기업이 '와라와라'다.

다른 매장이 막연하게 20~30대 남성을 타깃으로 하는 데 반해, 와라와라는 타깃을 '27세 오피스 레이디'에 한정하고 있다. 그들을 타깃으로 잡은 이유는 입맛은 다소 까다롭지만 충성도가 높으며 입소문의 효과가 좋기 때문이라고 한다. 그래서 취하기보다 맛을 즐기는 그들을 위해 도수가 높지 않은 과일주와 그들이 좋아할 안주메뉴를 개발한 것이 적중하였다.

그럼 하필 왜 27세인가. 27세가 시장조사에 근거한 결정은 아니다. 실제 와라와라 고객 중 20대 후반 여성의 비중은 30~40%

정도이며, 60~70%는 남성이나 다른 연령층이다. 그러나 제품과 서비스를 개발할 때 머릿속에 그려야 할 구체적 대상이 명확해지면 차별화의 구심점이 될 수 있다.

현대 퍼플카드는 대표적인 프리미엄 카드다. 연회비가 60만 원인 데다 돈을 낸다고 해도 심사를 통과해야 발급받을 수 있는 프레스티지 카드다. 퍼플카드를 발급받으면 '하우스 오브 더 퍼플House of The Purple'에 갈 수 있다. 그 카드 소지자만이 갈 수 있는 라운지 레스토랑이다.

하우스 오브 더 퍼플에 가면 현대카드만의 섬세한 취향과 감각 있는 인테리어가 눈길을 사로잡는다. 그런데 그런 고급 라운지에 와 있는 상당수 사람들을 보면, 예상보다 젊은이들이 많다. 대략 30대 중반의 남성들이 요즘 유행하는 꼭 끼는 양복에 목이 높은 하얀 와이셔츠를 입고 넥타이도 매지 않은 채 여기저기 앉아 있다. 우리가 막연히 생각하는 고급스러운 이미지, 그러니까 중장년층의 좀 더 점잖은 사람들이 있으리라고 짐작한 것과는 다소 거리감이 있다.

한 번은 현대카드의 중역을 만날 일이 있어 물어보았다. 프레스티지 카드 정도를 소지한 회원들의 전용 라운지라면, 너무 젊은 사람들이 오지 않도록 물관리를 해야 하는 것 아니냐고. 그랬더니 그 중역이 "거기는 오히려 그런 젊은이들이 진짜 타깃이에요"라는 게 아닌가. 35세 정도로 젊지만 사회적으로 성공가도에 있으며 멋을 즐길 줄 아는 사람들에 포커스를 맞춘 것이란다.

그러고 보니 그것이 바로 현대카드의 이미지가 아닌가 싶었다. 그런 삶을 사는 젊은 남성과 어울리고 싶어 하는 여성들도 현대카드를 갖고 싶어 할 테고, 좀 더 나이 들었지만 아직은 젊다고 느끼며 유행에 뒤처지기 싫은 사람도 갖고 싶어지는 카드. 비록 그 그룹에 속하지는 않지만 그 카드를 소유함으로써 마치 그 그룹에 속한 것처럼 느끼는 후광효과를 노린 것이다. 타깃의 포커스를 좁힘으로써 오히려 동경하는 사람들의 시장은 넓어진 케이스다.

타깃의 포커스를 좁히고 브랜드의 실제 위상보다 작아 보이게 하는 것은 그 반대보다 몇 배는 더 어렵다. 브랜드 차별화의 가장 큰 테마이자 핵심은, 실제로는 작게 플레이한다는 것이다. 이러한 코드로 행동하는 기업이 바로 애플이다. 예를 들어 CEO가 무대에 나와서 "신제품의 가격이 299달러"라는 등의 이야기를 하는 것은 굉장히 작은 플레이다. 다른 회사에서는 상상도 못할 일이다. 이건희 회장이 갤럭시 신모델을 발표하는 장면이 상상이 되는가? 우리의 상식에, 근엄한 대기업 총수가 고작(?) 몇십만 원짜리 제품을 직접 발표하고 가격까지 시시콜콜히 말하는 장면은 상상하기 어렵다. 그런 행동은 작은 기업, 작은 가게 주인이 하는 것이다. 그런데 애플은 그렇게 한다.

애플은 매사에 실제의 시장 지배력보다 굉장히 작게 플레이하는 기업이다. 작게 플레이한다는 말은 '작은 회사처럼 행동한다'는 의미다. 그래서 애플의 맥북이나 아이폰 등을 쓰는 사람은 자신이 계속해서 마이너리티에 속한다는 느낌을 받는다. 한발 더 나아가 왠지 '의식 있는 소수'처럼 느끼게 된다. '아무 생각 없는 대중'이 될 것인가, '의식 있는 소수'가 될 것인가. 사람들의 내면에는 후자가 되고 싶은 욕망이 꿈틀거린다. 그게 더 멋있어 보이기 때문이다.

큰 얼음을 깰 때는 망치가 아닌 송곳을 사용한다. 마찬가지로 시장에 파고들려면 엣지edge를 가져야 차별화된다. 브랜드가 지향해야 하는 궁극의 타깃은 '의식 있는 소수'다. 그런데 그 소수가 형성하는 파급력은 결코 작지 않다. '의식 있는 소수'를 지향하는 애플의 전략은, 소수의 소비자에게만 수용되는 것을 넘어 '의식 있고자 하는 다수'에게도 어필했다. 이처럼 가치관과 취향이 뚜렷한 소비자를 타깃으로 하며, 그들과 동일시된 브랜드를 만드는 것이 차별화 전략의 핵심이다.

좋은 아이디어는 혼자 만들지 못한다

기발한 차별화 아이디어는 하늘에서 뚝 떨어지거나 천재 같은 사람만이 만드는 게 아니다. 스티브 잡스도 그런 기계를 만들거나 디자인할 능력이 있는 사람이 아니다. 자신의 아이디어를 스티브 워즈니악 같은 기술자들이나 조너선 아이브 같은 디자이너들과 조율해가며 만든 것이다.

인기 프로그램 〈꽃보다 할배〉는 케이블 TV의 예능 프로그램이 흥미 위주의 저속한 프로그램이라는 인식을 깨고, 미미한

tvN의 위상을 공중파와 어깨를 나란히 하도록 높였다. 그 프로그램을 기획한 나영석 PD가 2014년 한국경영학회에 와서 한 이야기가 귀담아 들을 만하기에 옮겨본다.

"프로그램이 성공하려면 세 가지를 갖춰야 합니다. 재미있거나, 의미 있거나, 새로워야 해요. 크리에이티브에 대해 제가 하고 싶은 말은, 크리에이티브는 발명이 아니라 발견이라는 점입니다. 없던 것에서 만들어내는 것이 아니라 있던 것을 새롭게 조합하는 것이지요.

〈꽃보다 할배〉를 처음 기획할 때는 '해외 배낭여행 프로그램을 만들어볼까' 하는 아이디어에 불과했어요. 그 후 '누구의 배낭여행을 쫓아가 보는 것이 재미있을까?'에 대해 이런저런 얘기들을 나누는데, 처음에는 예쁘고 섹시한 여자들을 보내자는 데서 시작했지요. 그렇지만 젊은 사람들이 배낭여행을 한다는 건 사실 누가 봐도 차별화된 아이디어가 아니잖아요.

그래서 이번에는 '그러면 배낭여행이라는 것과 가장 어울리지 않는 집단은 누구일까?'를 상상해보았어요. 그랬더니 여러 이야기가 나오더라고요. '글쎄, 70세 넘은 할아버지들은 절대 배낭여행을 하지 않겠지', '아, 그래? 그럼 할아버지들이 배낭여행을 가는 프로를 만들어보자.' 그게 바로 차별화 아이디어의 시발점이었습니다.

할아버지 연기자들, 이를테면 이순재 선생님이나 신구 선생님 같은 분들을 저희가 연기 연습시켜서 그 위치, 그 연배까지 만든

게 아니잖아요. 저희가 발명한 게 아니에요. 그분들은 늘 거기 있었어요. 그런데 어떤 예능 PD도 그분들을 예능 프로그램에 모셔서 새로운 모습을 보여줘야겠다고 생각하지 않은 거죠.

결국 제가 생각하는 크리에이티브는 이거예요. 빤한 것들을 충돌시켜서는 새로운 것이 나오지 않아요. 전혀 다른 극과 극의 물건을 일부러 꽝 하고 부딪치게 만드는 거예요. 그럼 거기서 뭔가 스파크가 일어나죠. 배낭여행이라는 것과 전혀 어울리지 않는 할아버지라는 소재를 꽝 부딪치게 한 거죠. 그럼 거기서 당연히 스파크가 일어나요.

여기서 말하는 스파크란 어떤 스토리, 갈등, 그에 따른 긴장감, 위기, 이런 것들이에요. 굳이 PD가 나서서 연출을 하거나 '선생님, 여기서는 이렇게 해주세요'라고 말하지 않아도, 말도 안 통하는 낯선 곳에서 걸어가며 길을 찾아가야 하는 것 자체가 그 할아버지들에게는 늘 위기이고, 갈등인 거예요.

서로 부딪쳐서 스파크가 날 수 있는 요소를 찾는 것, 그래서 무언가 새로운 것으로 탈바꿈시키는 것이 바로 저희 방송에서 말하는 크리에이티브라는 거죠. 그래서 다시 말씀드리지만, 크리에이티브 아이디어는 발명하는 게 아니라 발견하는 것입니다.

그런데 이게 어쩌다 한 번 나오는 아이디어가 아니라 지속적으로 크리에이티브하려면 시스템을 갖춰야 한다고 생각해요. 저희가 회의할 때는 PD들과 작가들이 10명 정도 모이는데 그 사람들이 모두 크리에이티브한 것은 아니죠. 어느 조직에나 이런 사람이 있으면 저런 사람도 있으니까요.

대신에 제가 중요하게 여기는 한 가지가 있습니다. 저는 개개인의 취향, 정서, 판단기준, 그러니까 다른 사람들이 어떤 상황에서 어떤 식으로 판단하는지, 무엇을 좋아하고 무엇을 싫어하는지 평소 잘 관찰하고 있어요. 그래서 어떤 안건에 대한 그 사람의 말 자체보다는 그 사람의 기준과 눈높이에서 이해해보려 애씁니다.

할아버지들을 어떻게 캐스팅하게 되었느냐를 조금 더 말씀드리죠. 저희 팀에 무척 고루하고 감동적인 것을 좋아하는 친구가 있어요. 그 친구가 할아버지들을 모시고 여행 가자는 이야기를 한 거예요, 마치 효도관광처럼. 원래 그런 걸 좋아하는 친구니까 그 친구 기준에서 나올 수 있는 지극히 빤한 아이디어죠. 그래서 다른 구성원들한테 돌아가며 물어보았습니다.

우리 팀에는 그 친구와 정반대의 시선을 가진 친구도 있거든요. 그 친구는 젊고 예쁘고 잘생긴 연예인을 좋아하고, 좀 어린 취향을 가지고 있어요. 그런데 편견이 없다는 장점이 있어서 그에게 물어봤어요. '할아버지들이 배낭여행 가면 어떨 것 같아?' 그랬더니, 그 친구가 그러더라고요. '어? 누가 나가는데요? 어떤 할아버지요?' 그래서 '이순재 선생님, 신구 선생님 이런 분들. 어때, 재미없지?' 했더니 '어? 그분들 뭐 하시는 분들인데요? 아~ 드라마에 나오는 분들? 난 재미있을 것 같은데' 그러더라고요.

그 친구랑 다른 젊은 친구들 의견을 들어보니까 이거는 매력적인 구성일 수 있겠다 싶었죠. 하지만 '이제까지와는 다르다', '남들과는 다르다'는 아이디어가 과연 히트 칠 수 있는지를 판단 하려면, 그야말로 내공이 있어야 해요. 경험에 바탕을 둔 직감력 이죠.

사실 저는 이 사람 저 사람의 정보와 판단을 모아서 그냥 결정 하는 역할밖에 없어요. '아, 그러면 그걸로 결정하고 가자.' 회사 에서는 그러지 말라고 할 수 있지만 그건 제가 추진력으로 끌고 갈 문제인 것이고요. 결국 제가 계속 새롭고 차별화된 아이디어 를 내는 것은, 저 혼자 창의적이어서가 아니라 같이 일하는 사람 들에게서 나오는 힘인 것 같아요."

크리에이티브한 아이디어가 없으면 살아남지 못하는 세계, 기 발한 아이디어가 쉴 새 없이 쏟아지는 방송 세계에서도 차별화 아이디어는 한 사람의 머릿속에서 나오지 않는다. 아니, 기가 막 힌 아이디어가 생명인 업일수록 집단의 협업을 중시한다. '집 단지능'이라는 거창한 표현까지는 아니더라도, 차별화 아이디어 는 함께 다듬어가며 완성도를 높여가는 게 중요하다.

어떻게 다름을
'유지할' 것인가

4

이제까지 우리의 브랜드를 무사히, 그리고 제대로 궤도에 올리는 과정에 대해 살펴보았다. 그런데 마케팅의 궁극적인 목표는 브랜드를 일정 궤도에 올려놓고 계속 돌게 하는 것이다. 이 말은 소비자의 마음에 존재하는 제품 카테고리(지구와 같은 행성)에 우리 브랜드(인공위성)를 올려놓는 과정으로 해석할 수 있다.

비행기가 이륙하려면 적어도 시속 160km는 되어야 한다. 하물며 위성이 지구의 중력을 이기고 수직 상승해서 궤도에 오르려면, 엄청나게 큰 힘이 필요할 것이다. 그리고 나서 일단 궤도에 오르면 원심력이 생기고 공기의 마찰이 적어 어마어마한 동력 없이도 비행할 수 있지만, 원심력을 유지하도록 작은 궤도 수정을 끊임없이 해야 한다.

마케팅도 마찬가지다. 차별화라는 동력을 이용해 일단 브랜드를 궤도에 올리면, 그다음에는 훨씬 수월한 게임을 할 수 있다. 하지만 지상으로 떨어지지 않고 계속 궤도에 남아 있으려면 띄울 때와 다른 형태의 차별화 유지 방식이 필요하다.

각고의 노력을 해서 겨우 브랜드를 궤도에 올려놓고는, 뒷심이 딸려 다시 추락하는 기업들이 적지 않다. 꼬꼬면은 대표적인 차별화 성공사례였지만, 곧 궤도를 이탈하여 추락 직전에 이르고 말았다. 2부에서 말했듯이, 띄우는 추진 동력과 날게 하는 유지 동력은 다르며, 전략 또한 당연히 달라야 한다.

4부에서는 차별화에 성공한 브랜드가 궤도를 계속 돌게 하려면, 즉 브랜드의 가치와 생명력을 유지하려면 어떻게 해야 하는지를 알아볼 것이다.

어느 카테고리를
차지할 것인가

　　지금까지 설명한 내용은 브랜드를 해당 카테고리의 궤도에 띄우는 과정이었다. 화장품, 자동차, 면도기 등 우리의 머릿속에는 수많은 제품 카테고리가 있다. 이를 행성과 위성의 관계로 떠올리면 이해가 한결 쉬울 듯하다.

　　지구는 은하계의 수많은 행성 중 하나이고, 달은 지구의 위성이다. 목성(행성)에는 달(위성)이 여러 개 있듯이, '면도기 행성'에 '전기 면도기 위성'과 '일회용 면도기 위성'이 있다.

　　또한 '지구' 주변에 많은 '인공위성'이 돌고 있듯이, 행성과 각 위성 주변에 인공위성이 돌고 있는 모습을 떠올려 보자. 우리가 브랜드를 차별화하는 과정은, 말하자면 인공위성을 쏘아올리고 궤도를 제대로 돌게끔 하는 과정이다.

소비자 머릿속의 브랜드 은하계

면도기 행성에는 질레트라는 인공위성이 가장 활발하게 돌고 있으며, 쉬크나 도루코 같은 인공위성도 함께 돌고 있다. 사람들에게 '면도기' 하면 떠오르는 브랜드가 뭔지 물으면 질레트, 쉬크, 도루코 등을 말한다. 그렇게 떠오른 브랜드들을 고려 상표군(consideration set) 또는 환기 상표군(evoked set)이라 일컫는다. 그중에서도 가장 높게 떠올라서 큰 궤도를 그리는 인공위성, 즉 가장 눈에 띄는 브랜드를 최초 상기 브랜드(top-of-mind brand)라 부른다.

지구에 달이라는 위성이 있듯이, 면도기 행성에도 위성이 있다. 전기 면도기 위성이나 일회용 면도기 위성이 그것이다. 전기

면도기 위성에서는 브라운과 필립스 등의 인공위성이 빛을 발하고 있고, 일회용 면도기 위성에서는 빅과 쉬크가 가장 눈에 띈다.

《마케팅 불변의 법칙》에서 알 리스와 잭 트라우트는 각각의 카테고리를 고지에 비유한다. 면도기 고지에서는 질레트가 깃발을 꽂았다고 표현하는 식이다. 나쁘지 않은 접근법이나, 카테고리의 크기가 변하거나 변형되어 새롭게 형성된 카테고리에 대해서는 설명할 수 없다는 점이 아쉽다.

그것이 고지이든 행성이든, 묘사하려는 것은 제품의 카테고리다. 어떤 브랜드가 새롭게 포지셔닝할 때는 그 카테고리의 대표 브랜드와 비교하는 것이 가장 효과적이다. 즉 어떤 브랜드와 유사점(POP)을 취할 것인지는 전략적으로 매우 중요하다. 어떤 카테고리에서 싸울 것인지가 결정되기 때문이다.

가령 전기 진동을 이용한 새로운 방식의 '한양면도기'가 있다고 하자. 한양면도기를 수동면도기 카테고리에 놓는다면 "질레트처럼 예리한 칼날을 갖췄지만(POP), 전기 진동 방식이라 피부를 효과적으로 보호해줘요(POD)"라고 포지셔닝할 수 있다. 거꾸로 전기면도기 카테고리에서 시작할 수도 있다. 한양면도기는 "브라운처럼 편리하지만(POP), 칼날이 피부에 더 가까이 닿으므로 깔끔하게 면도됩니다(POD)"로 포지셔닝할 수도 있는 것이다. 어느 카테고리에서 싸울지를 분명히 하는 것, 즉 POP를 어떻게 설정할 것인가가 성패의 관건이라 해도 과언이 아니다.

차별화를 탁월하게 수행하면 위성의 크기가 점점 커져서 기존의 행성을 잡아먹기도 한다. 행성이 위축되거나 아예 사라지기도 한다는 말이다. 디지털 카메라 시장이 더 커지면서 그 원천이었던 필름 카메라가 사라져간다든지, 스마트폰 때문에 묻혀버린 피처폰 등이 그러한 예다. 원래의 행성에서 더 나은(better) 효익을 통해 선두 브랜드를 잡을지, 차별화된(different) 카테고리의 새로운 위성을 띄울지는 전략적 판단의 영역이다. 각 카테고리의 시장 크기나 잠재력도 점검해야 하고, 어떤 카테고리의 선두 브랜드가 더 싸울 만한지도 고려해야 하기 때문이다.

마케팅을 전개할 별을 찾아라

그렇다면 본격적으로 어느 별에서 마케팅 활동을 전개할지 판단해보자. 다시 말해, 브랜드가 활동을 개시할 카테고리를 찾아야 한다. 우선 내가 첫 번째가 될 수 있는 카테고리인지 곰곰이 생각해보자. 이때 그 카테고리의 시장 사이즈가 충분히 크면 좋겠지만, 그렇지 못하다면 적어도 사이즈를 키워갈 수 있는 잠재적 가능성은 갖춰야 한다.

만약 내가 어떤 카테고리의 첫 번째가 될 수 없다면, 소비자 머릿속에 새로운 카테고리를 창출해 그 위성을 선점해야 한다. 반드시 혁신적인 신제품을 만들라는 이야기가 아니다. 다시 말하지만, 사람들의 '머릿속'에 새로운 카테고리를 만들라는 것이다. 그러려면 사람들이 당연하다고 여기는 빤한 판단기준을 뒤엎을 수 있어야 한다.

인간은 어떤 사물에 대해 한번 판단하고 나면, 그와 유사한 사물에 대해 다시 생각하거나 평가를 바꾸지 않으려는 경향이 있다. 거의 무의식적으로 기존의 고정관념에 의존하는 것이다. 따라서 새로운 판단기준을 유도하려면, 고정관념에서 벗어나서 잠시나마 그 사안에 대해 '다시 한 번' 생각하게끔 만들어야 한다.

아주 오래된 대표적인 사례가 파스퇴르 우유다. 강력한 경쟁자들이 포진한 우유시장에 뒤늦게 뛰어든 파스퇴르는 '저온살균'이라는 속성을 의제화해서, 별 생각 없이 우유를 구매하던 사람들이 고온살균 방식의 영양 손실에 대해 '다시 생각하도록' 만들었다. '저온살균 우유'라는 새로운 카테고리를 사람들의 머릿속에 창출하여, 서울우유가 독점하다시피 하던 우유 시장을 다양화한 것이다.

이것은 마치 회의 진행자가 회의에 직접 영향력을 행사하지 않고도 토의할 의제를 설정함으로써 회의를 주도하는 원리와 같다 하여 '의제설정 이론(agenda setting theory)'이라 한다. 한 달에 한 번 열리는 대학교 교무회의는 교무처장, 학생처장 등은 물론 학장들이 모두 참석하는 회의이므로 다뤄야 할 의제가 많다. 경영대학에서는 이번 회의에서 교수 충원을 승인받아야 하는데, 회의를 주관하는 교무처에서 이번 회의에 신입생 선발, 기숙사

> 사람들은 어떤 사물이나 브랜드에 대한 나름의 고정적 판단기준이 있다. 따라서 새로운 소비를 유도하려면, 고정관념에서 벗어나서 잠시나마 그 사안에 대해 '다시 한 번' 생각하게끔 유도해야 한다.

신축, 등록금 결정 등의 안건만 다뤄도 벅차다며 의제에서 빼려 한다. 그러면 경영대학 학장은 압력을 넣든 사정을 하든 어떻게 든 교수 충원 안건이 다뤄지게 하려고 애쓴다. 승인받든 못 받 든, 일단 의제로 설정되어야 교무위원들의 관심을 이끌어낼 수 있기 때문이다.

마케팅에서 의제설정이란 제품의 특징을 일방적으로 설득하 기보다 제품을 평가하는 새로운 고려사항을 제시함으로써 소비 자들의 주의를 끌려는 시도다. 과거에 음료수라고 하면 콜라와 사이다 등 청량음료가 전부였던 때가 있었다. 이때 '이온음료'라 는 새로운 개념의 게토레이가 등장했다. 사람들이 더 시원하고, 더 달고, 더 톡 쏘는 맛을 선호하는 시절이었으니 게토레이의 시 금털털한 맛은 당연히 외면당했다. 달고 톡 쏘는 맛이 건강에는 썩 좋지 않다는 것을 알지만, 사람들은 기존의 입맛을 버리지 못 했다.

그래서 게토레이는 자신의 제품이 우수하다고 직접 말하기보 다 소비자의 머릿속에 새로운 평가기준을 회의의 의제처럼 제시 했다. 그것이 바로 "흡수가 빨라야 한다", "달지 않아야 한다"는 슬로건이다. 그 결과 소비자의 머리에 스포츠음료라는 새로운 카테고리의 위성을 만들고, 유료수 시장의 새로운 지평을 열게 되었다.

딤채 역시 마찬가지다. 김치냉장고가 나오기 전까지 사람들은 기존의 냉장고에 김치를 보관해왔다. 에어컨에서 출발해 냉장고 시장에 뒤늦게 뛰어든 만도기계는 '발효과학'이라는 속성을 의제로 설정했다. 즉 김치를 다른 식품처럼 무조건 냉장 보관할 것이 아니라, 일정한 온도를 유지하며 숙성시켜야 한다는 점을 새롭게 '생각하도록' 만든 것이다. 딤채는 '냉장고' 카테고리의 첫 번째는 아니었지만, '김치냉장고' 카테고리에서는 첫 번째로 인식되며 시장을 장악했다.

옷은 한 번 사면 될 수 있는 한 오래 입어야 한다는 생각을 버리게 한 것이 자라다. 자라는 "유행이 아침저녁으로 바뀌는데, 아직도 옷을 한 번 사면 10년을 입으려고 하세요?"라고 질문을 던진다. 자라는 이렇게 해서 '패스트 패션fast fashion(SPA)'이라는 새로운 카테고리의 선두주자가 되었다.

재활용품이라고 해서 반드시 저렴하고 소박해 보일 필요는 없다는 판단기준을 제시한 것은 프라이탁이다. 프라이탁은 오히려 트렌디한 멋쟁이들이 찾는 재활용품 백이라는 새로운 카테고리를 개척했다.

이처럼 카테고리 창출이란 사람들이 지금껏 생각지 않았던 점을 부각시켜서 '판단의 기준'을 바꾸는 것이다. 사람들이 수긍할 의제를 제시하여 새로운 위성(카테고리)을 만드는 과정은 차별화에 도움이 된다.

브랜드가
궤도를 계속 돌게 하라

강력한 추진력으로 궤도에 오른 인공위성(브랜드)은 원심력과 중력으로 균형을 유지하며 궤도를 돌게 된다. 처음에는 아무런 문제없이 잘 도는 것처럼 보인다. 그러나 시간이 흐르면서 원심력이 중력을 이기지 못하면 추락하기 시작한다.

차별화의 궤도에서 중력이란 무엇일까? 사람들의 싫증, 경쟁사의 모방, 트렌드의 변화, 신제품의 출현 등 여러 가지 위협 요소가 중력이다. 물론 원심력을 유지하는 것이 맨땅에 있던 제품을 처음 궤도에 올리는 것만큼 어렵지는 않겠지만, 잠시라도 한눈을 팔았다가는 원심력을 잃기 쉽다. 본 궤도에 진입했다 해도 본질이 약하면 트렌드에 영합하게 되어 정체성을 잃으면서 궤도를 이탈하고 만다. 또한 시장에서 버티는 법에 대한 축적된 경험, 즉 내공이 없으면 오랫동안 날지 못한다.

다시 강조하지만, 뜨는 능력(추진 동력)과 나는 능력(유지 동력)은 다르다. 새로움은 차별화의 궤도를 이탈하지 않게 하는 가장 강력한 유지 동력이다. 그러니 추락하기 싫으면 끊임없는 변형을 통해 늘 새로움을 추구해야 한다.

브랜드를 띄우는 추진 동력과
계속 날게 하는 유지 동력은 다르다.

'본질'을 지키되 '껍질'은 계속 바꿔라

1984년 미국 시장에서 나이키의 시장점유율은 31.0%, 리복Reebok은 그 10분의 1 수준인 3.3%에 불과했다. 리복은 돌파구를 찾고자 당시 소비자들의 구매 흐름을 열심히 들여다보았다. 바야흐로 80년대는 미국에서 에어로빅이 선풍적인 붐을 이루고 있을 때였다. 리복은 이에 착안하여 신발의 목을 높임으로써(high top), 발목을 강하게 지지하는 느낌의 '프리스타일Freestyle'이라는 신발을 내놓는다.

이 신발은 곧바로 여성들 사이에서 선풍적인 인기를 끌게 된다. 당시 유행하던 에어로빅을 여성들이 즐겼기 때문이기도 하지만 간호사, 웨이트리스 등, 직장에 다니는 여성들이 신기에 적당히 편안했기 때문이다. 무엇보다도 소비자들이 반긴 이유는 저렴한 가격 때문이었다. 49.99달러의 가격에 세금을 포함하면 54.11달러인 이 신발에 '피프티포 일레븐스Fifty-four eleven's'라는 애칭이 붙을 정도였다. 리복은 이 신발 하나로 시장의 판세를 완전히 뒤집었고, 3년 후인 87년에는 32.2%의 점유율을 차지하면서 18.6%의 나이키를 두 배가량 앞질렀다.

그러나 성공 스토리는 거기까지가 끝이었다. 그 후로 다른 경쟁사들이 프리스타일과 비슷한 신발들을 갖가지 디자인으로 변형해 내놓으면서 리복의 매출은 급격히 하락하기 시작했다. 더 큰 문제는 운동화의 목이 높은 '하이탑'의 유행은 지나고, 목은 낮지만 기능이 훨씬 개선된 '하이테크'의 시대가 도래했다는 사실이다. 이를 주도한 것은 다름 아닌 나이키였다. 나이키는 에어쿠션 등 탄력성을 개선한 신발뿐 아니라 가볍고 통풍이 잘되는 새로운 재질을 사용했다. 또한 조깅, 농구, 축구, 배구, 야구 등 주요 스포츠용 외에도 레슬링 선수용, 치어리더용 신발을 별도로 판매하기 시작했다. 나아가 2000년대에 들어서 패션을 주도하는 신발들을 출시하고, 2010년대가 되면서는 와이어리스 센서를 부착한 신발들을 상용화하기에 이른다.

그렇다면 나이키는 무엇을 잘하고 리복은 무엇을 잘못한 것일까? 나이키는 전략의 초점을 잃지 않았다. 그리고 "Just Do It"이라는 컨셉을 지키기 위해 계속해서 새로운 제품들을 내놓았다. 나이키 특유의 도전정신을 추종하는 틴에이저들과 운동을 게을리하지 않으면서 젊음을 유지하고자 하는 중장년층에 어필하는 제품들을 끊임없이 만든 것이다. 한마디로 껍질은 바뀌었지만, 모든 제품을 관통하는 본질은 변하지 않았다.

그에 반해 리복은 분명한 브랜드 '컨셉' 없이 트렌드를 좇는

'제품'을 만드는 데 급급했다. 또한 눈앞의 점유율을 높이려는 생각으로 기능과 디자인을 단순화해 저렴한 가격에 판매했는데, 단기적으로는 시장이 반응했으나 장기적으로는 그러한 강점들이 거꾸로 발목을 잡고 말았다. 그런 모델들은 새롭게 변형을 시도할 여지가 없었고, 가격을 올릴 수도 없었기 때문이다. 더구나 그들의 주 타깃인 주부들은 재구매 사이클이 틴에이저보다 현격히 길다. 이런 요인이 복합적으로 맞물려 매출은 뒷걸음질 치기 시작했다.

틈새시장을 보고, 트렌드에 뒤처지지 않으려는 노력은 분명히 의미가 있다. 그러나 그것이 기업의 철학이나 소비자의 니즈보다 우선시되어서는 곤란하다. 궤도에 남아 있으려면 끊임없이 변화해야 하지만, '자기다움'을 잃어버린 채 트렌드만을 추종하다 보면 죽도 밥도 되지 않는다. 지속적으로 차별화하려면 시장의 빈틈을 보려고만 하지 말고, 소비자와 제품에 대해 곰곰이 생각해보아야 한다. 제품의 겉모습, 즉 '껍질'을 바꾸기에 앞서, 브랜드의 '본질'인 중심 컨셉을 분명하게 규정하고 자기다움에 대한 진지한 고찰이 이루어져야 한다.

변화에 앞서 업의 본질을 파악하라

자기다움, 즉 '업의 본질'을 제대로 파악하는 것도 쉽지 않지만, 이를 잊지 않고 지켜나가기는 더욱 힘들다. 하루가 다르게 새로운 제품들이 쏟아져 나오는 업계라면 더더욱 그렇다. 예컨대 노트북 시장에서 울트라북, 넷북, 컨버터블, 탭북 등 신제품이 출시될 때마다 왕좌를 내어준 제품이 어디 한둘이던가. 그런데 이렇게 변화무쌍한 IT업계에서도, 1911년 탄생 이후 100년이 넘도록 차별성을 유지하며 성장하는 기업이 있다. 바로 IBM이다. IBM은 20세기가 막 문을 연 시기에, CTR Computing Tabulating Recording Company이라는 이름으로 탄생했다. 그 시대에 이미 계산과 도식과 기록이 사무환경에서 중요한 업무가 되리라는 점을 간파한 것이다.

그들이 가장 먼저 만든 것은 천공카드 기계였다. 인구조사를 하던 중 머리 아픈 계산을 단순화하기 위해, 종이에 구멍 (punching)을 뚫어 효율적으로 데이터를 집계하는 방법을 고안한 것이다. 이 기계는 곧 여러 산업 조직과 은행, 국가기관 등으로 전파되었고, CTR은 10여 년의 사업을 통해 '사무업무 효율성의 극대화'라는 업의 본질을 확립한다. 1924년에는 회사명도 그에 걸맞게 IBM International Business Machine으로 바꾸었다.

1938년에는 미국 전역에서 치러지는 수학능력시험의 답안지를 빈칸을 까맣게 메우는 방식으로 바꿔 손쉽게 채점할 수 있도록 했으며, 1940년에는 진공관을 이용하는 계산기의 상업화, 즉 컴퓨터의 개발에 나섰다. 1957년에는 그 후 40년 넘게 활용된 컴퓨터 운영방식인 포트란 Fortran을 개발했고, 최초로 1만 대 이상을 판매한 'IBM 1401'이라는 대형 컴퓨터를 개발하는 데도 성공한다.

셀렉트릭 타자기와 타이프 볼은 IBM을 일반인들에게 각인시키는 데
중요한 역할을 한다. 어떤 면에서 그렇다는 것일까?

1961년에 IBM은 전동타자기의 활자체를 바꾸어가며 칠 수
있는 골프공(typeball) 형태의 활자판을 고안했는데, 셀렉트릭
Seletric이라 불리는 이 타자기는 수많은 일반 소비자들에게 미국
사무환경의 변화를 실감시키는 중요한 계기가 된다. 이 타자기
는 지금과 같은 컴퓨터 워드프로세스를 사용하기 전까지 미국
타자기 시장의 80%를 장악했으며, IBM이라는 이름을 친근하게
알린 일등공신이기도 하다.

1972년에 IBM은 은행의 창구직원들을 대체할 ATM 기계를
처음으로 소개한다. 그리고 이듬해에는 UPC 바코드 시스템을 창
안해 유통업계에 대혁명을 일으킨다. 1976년에는 레이저 프린터
를 처음 만들었고, 1981년에는 개인용 컴퓨터, IBM PC를 시장

에 내놓았다. 1992년에는 노트북인 씽크패드Think Pad를 출시했다.

IBM의 20세기는 누구보다 눈부신 도전과 혁신의 시기였다. 그러나 세기말에 접어들 무렵에는 사정이 전혀 달라진다. 메인 프레임 컴퓨터 시장은 하향세였고, 값싼 대만 제품들이 PC시장을 장악하기 시작했으며, 고급 PC시장은 애플이 점령하고 있었다. 이러한 악재 속에 IBM이라는 공룡의 죽음을 예측하는 기사들이 심심찮게 나오기 시작했다. IBM은 자신이 왜 성공을 이어왔는지도 모른 채 사업을 계속해오다가, PC의 등장으로 흔들리기 시작한 것이다. 컴퓨터의 왕좌에 오른 자신들이 저렇게 단순한 기능밖에 수행하지 못하는 퍼스널 컴퓨터 시장에서 밀리다니 말이 되는가.

IBM이 절체절명의 위기를 마주한 1993년, 루이 거스너Louis Gerstner가 CEO로 새로이 취임한다. 그는 나비스코 제과, 아메리칸 익스프레스 카드, 맥킨지 컨설팅 등에서 근무했지만 IT업계는 처음이었다.

하지만 그것이 오히려 IBM을 새로운 눈으로 보게 만들어주었다. 그는 IBM의 사업들을 찬찬히 검토했다. IBM은 천공 기계부터 포트란 프로그램, 타자기, ATM, UPC 바코드, 메인 프레임 컴퓨터, 퍼스널 컴퓨터에 이르기까지 세상에 없던 제품을 끊임없이 개발해왔다. 거스너는 이 모든 것이 실은 '사무업무 효율의 극대화'라는 선대 회장의 사명(mission)을 오롯이 실천할 따름이었음을 발견했다. 즉 그들은 단순히 제품을 차별화한 것이 아니라 IBM의 업의 개념을 차별화하기 위해 새로운 제품을 만들었던 것이다. IBM이라는 브랜드는 기업의 사명을 담는 그릇이고, 기술과 제품은 사명을 수행하는 도구였다. 이러한 발견은 IBM을 초심으로 돌아가게 하는 원동력이 되었다.

거스너는 그의 유명한 책, 《코끼리를 춤추게 하라》에서 밝힌 것처럼 "그(선대 회장이었던 톰 왓슨Thomas Watson)가 남긴 가장 소중한 유산은 단 세 단어로 요약할 수 있을 것입니다. IBM은 서비스를 뜻합니다(Perhaps the most important legacy of his leadership can be summarized in just three words: IBM means service)"라고 외치며 업의 개념을 4S, 즉 '솔루션을 제공하기 위해 소프트웨어와 시스템을 서비스하는 회사(4S: Solution, Software, System, Service)'라고 천명한다.

업의 본질을 규명한 후에는 기술과 세태의 변화에 맞추어, 제품을 끊임없이 개발하고 변화시켜야 한다. 현재 IBM은 "세상의 모든 사람을 고객으로 재조명하라(Re-focus everyone as a customer)"라는 슬로건과 함께, 솔루션을 서비스하는 사업으로 차별화를 이어가고 있다. 이제는 보건사업, 식품사업, 소매사업, 교육사업, 패션사업, 스포츠사업 등 그들이 관여하지 않는 분야가 없다. 끊임없는 변신을 추구해왔으면서도 '사무업무 효율성의 극대화'라는 업의 본질을 되찾은 IBM은, 매출액이 1,000억 달러가 넘고 영업이익이 180억 달러에 달하는 건실한 기업으로서 궤도를 씩씩하게 돌고 있다.

어렵사리 궤도에 올린 인공위성을 떨어뜨리지 않으려면 본질을 중심으로 끊임없는 변화를 꾀해야 한다. 자기다움을 유지하면서도 소비자에게 늘 새로움을 전하는 방법은 5부의 Durable이란 주제에서 더 다룬다.

모든 비즈니스는 브랜딩이 관건이다

로켓이 띄워야 하는 인공위성, 즉 브랜드에 대해 다시 한 번 생각해보자. 우리가 관리하는 브랜드는 단순한 브랜드 명이나 제품이 아니다. 브랜드는 바로 그 제품의 개념(concept)이다.

가령 맥주를 고르려는 미국 소비자의 머릿속을 훔쳐보자. 머릿속 은하계의 '맥주'라는 행성에 서로 다른 개념의 브랜드들이 떠오른다. 자타가 공인하는 '맥주의 왕(The King of Beers)'인 버드와이저를 마실까, '맑은 물의 비열처리 맥주(Brewed with Pure Rocky Mountain Spring Water)'인 쿠어스를 마실까, 고단한 하루를 마치고 '한잔하는 기분을 공감(It's Miller Time)'해주는 밀러를 마실까 잠시 고민하다가, 요즘은 외국 맥주들이 많으니 외국 맥주 행성을 떠올려본다. 거기에는 '이국적임(Miles away from Ordinary)'을 강조하는 멕시코산 코로나가 있고, '잊을 수 없는 감촉(Senses never forget)'을 강조하는 일본의 싯포로가 있으며, '독일 정통맥주(Unmistakable German Craftsmanship)'임을 내세우는 벡스가 떠오른다. 아마도 이 중에 하나를 고를 것이다.

그런데 한국 맥주 중에는 '브랜드 컨셉'이 딱 떠오르는 경우가 많지 않다. 영업력이나 판촉활동은 활발하지만 브랜드 개성은 그리 강하지 못하다. 비단 맥주뿐이겠는가. 우리나라 기업들의 제품력은 대체로 강해졌지만, 브랜드 관리는 아직 미흡하다. 컨셉에 대한 고민이 적어서이기도 하고, 정해진 컨셉을 꾸준히 밀고 나가는 힘이 약하기 때문이기도 하다.

세계적인 브랜드들은 한번 정한 컨셉을 지속시켜 나간다. 그 컨셉은 유통이든, 가격이든, 광고든, 디자인이든 모든 마케팅 속에 녹아 있다. 세계적인 장수 브랜드들에는 50년 전이나 지금이나 한눈에 알아볼 수 있고 느낄 수 있는 '그 무엇'이 있다.

예컨대 뱅앤올룹슨의 '평범하지 않은 삶(A life less ordinary)', 나이키의 '일단 저질러 봐(Just do it)', 페덱스의 '우리는 배달하기 위해 삽니다(We live to deliver)' 등은 그저 그럴듯한 미사여구에 그치지 않는다. 오랜 세월 동안 꾸준히 지켜온 컨셉이 혼(spirit)이 되어 그들의 제품과 경영활동 곳곳에 배어 있다. 일회성 차별화에 그치지 않고 IBM처럼 기업 자체를 차별화하려면, 무엇보다 나만의 차별화 핵심이 무엇인지 그 컨셉을 개발하는 데 천착하고 기업의 모든 활동에 스밀 수 있도록 뚝심 있게 밀고 나가야 한다.

마케터가 관리해야 하는 브랜드란, 단순한 브랜드 명이나 제품이 아니다. 바로 그 제품의 개념(concept)이다.

또 유념해야 할 것은 브랜드에 무임승차하려 하지 말라는 점이다.《마케팅 불변의 법칙》에 나오는 첫 번째 법칙이 바로 '브랜드를 여기저기 갖다 붙이지 말라'는 것이다. 실제로 브랜드와

연결된 '개념'은 무시한 채, 유명 브랜드를 등에 업고 사정없이 이를 확장하려다 실패한 경우는 부지기수다. 아이들이 좋아하는 맥도날드 브랜드를 내세워 아동복을 판다면 어떨까. 얼핏 맥도날드라는 브랜드의 위력을 발휘할 절호의 기회처럼 들릴지 모르겠다. 그러나 맥도날드는 실제로 맥키드(McKids)라는 이름의 아동복 개발에 무려 2억 2,500만 달러나 쏟아붓고도 기대 이하의 매출을 거두는 데 그쳤다. 송충이는 솔잎을 먹어야 한다는 말처럼, 섣불리 하나의 브랜드에 그 이상의 개념을 덧붙여서는 안 된다는 점을 일깨워준다.

오늘날에는 마케팅을 공부한 자신감 넘치고 야심만만한 젊은 인재들이 기업에 많다. 그러나 어찌된 일인지 젊은 MBA(Master of Business Administration) 출신들은 브랜드의 개념을 잘 이해하고 보전하기보다, 기껏 가꾸어놓은 이미지에 쉽게 편승하려는 경향을 보이기도 한다. 레리 라이트Larry Light라는 경영 컨설턴트는 이를 두고 MBA가 '브랜드 자산의 살인자(Murderer of Brand Asset)'의 약자로 변질되었다고 비난하기도 했다. 브랜드를 차별화해야 할 사람들이 오히려 브랜드 컨셉을 물타기하며 어렵게 다져놓은 차별성을 희석한다는 것이다.

앞서 살펴보았듯이, IBM이 자신의 브랜드 컨셉을 다져나가는 데는 80년 이상의 시간이 걸렸다. 누구나 이름만 들으면 알 만한 카테고리별 대표주자들은 연관 제품을 판매하자는 조직 안팎의 제안을 무수히 뿌리치며 브랜드 정체성을 지켜왔기에 오늘날의 입지를 다질 수 있었다. 브랜드 하나를 제대로 세우려면 얼마나 많은 유혹들을 뿌리쳐야 하는지를 깨닫는다면, 누구도 함부로 무임승차를 시도하지 못할 것이다.

브랜드는 철학을 실어야 장수한다

여태까지 마케팅 세상의 보편타당한 정서는 아름답고, 실용적이고, 가격이 괜찮으면 살아남을 수 있다는 것이었다. 이런 물건들이 잘 포진해 있는 곳이 마트다. 대형 마트에 진열된 제품들은 이러한 원리를 토대로 경쟁을 벌인다. 조금 더 예쁘거나 조금 더 실용적이거나 조금 더 저렴하게 판매하는 것이다. 피가 마르는 경쟁이고 마진도 내기 힘들다.

이것을 벗어날 수 있는 유일한 방법은 의식을 탑재하는 것이다. 이를 '생각 있는 브랜드(thoughtful brand)'라고 표현해보자. 성공한 차별화 전략을 보면 모두 철학이 있다. 심지어 가격으로 승부를 본 샘 월튼조차 "월마트가 낭비하는 1달러는 고객의 주머니에서 나온 것이다. 고객을 위해 1달러를 아낄 때마다 우리는 경쟁에서 한 걸음 앞서게 된다"라는 말로 지독한 비용 절약의 철학을 표현한다.

뉴발란스 운동화는 기술적으로 앞선 것도, 딱히 디자인이 멋진 것도 아니다. 그런데 스티브 잡스가 나이키의 에어조던이 아닌 뉴발란스를 택한 이유는 그 제품에 숨어 있는 철학과 의식 때문이 아닐까. 우리나라에도 뉴발란스와 관련된 흥미로운 일화가 있는데, 영화 〈말아톤〉의 실제 주인공인 배영진이 마라톤에 나가려고 운동화 스폰서를 찾고 있었다고 한다. 그러나 대부분의 유명 브랜드들은 장애인이 자기 브랜드를 신는 것은 이미지에 맞지 않는다고 생각하여 거절했다. 그때 유일하게 그를 후원했던 곳이 뉴발란스였다. 바로 그러한 사람을 위해 존재하는 신발이라는 철학 때문에 뉴발란스가 전 세계의 의식 있는 소비자들에게 유독 환영받는지도 모르겠다.

에이솝은 파피티스라는 그리스계 헤어스타일리스트가 운영하던 호주의 작은 미용실에서 탄생했다. 그는 철학적이었지만 철학자가 되기엔 인내심이 부족하고, 건축가가 되고 싶었지만 스스로 재능이 부족하다고 생각해 헤어스타일리스트가 된, 조금은 독특한 친구였다. 게다가 손님을 골라가며 머리 손질을 할 만큼 취향도 까다로웠다. 그런 젊은 미용사가 화학물질이 잔뜩 함유되어 암모니아 냄새를 풍기는 기존의 헤어제품에 만족했을 리 없다.

그러던 중 샌터스라는 여직원이 들어오면서부터 에이솝이 확 달라졌다. 뛰어난 마케팅 담당자였던 그녀는 열정이 넘치는 까다로운 사장에게 제품을 직접 만들어보는 것이 어떻겠느냐고 제안했다. 이 한마디가 파피티스의 마음에 불을 지폈다. 돈을 벌겠다는 상업적인 열망보다는 재료와 천연성분에 얽힌 과학적 설명이 그의 흥미를 자극한 것이다. 파피티스는 에이솝을 이렇게 설명한다. "좋은 이미지를 주기 위해서가 아니라, 실제로 효과적이어서 천연성분을 사용한다는 것이 에이솝의 기본 원칙입니다."

쓸데없는 군더더기를 강조하거나 불필요한 마케팅은 하지 않겠다는 말이다.

사람들은 이제 사치의 럭셔리가 아니라 의식과 철학의 럭셔리를 찾는다.

그들 디자인의 패턴은 늘 똑같다. 줄무늬 하나다. 그러나 그들이 세상에서 어떤 일을 하려는지는 분명한 메시지로 이야기하고 있다. 오늘날의 소비자들은 이렇게 생각이 뚜렷한 제품을 좋아한다. 그래서인지 요즘 최고급 호텔이나 골프장 화장실에 가보면 대부분 에이솝이 자리를 차지하고 있다. 불가리도 아니고 에르메스도 아니고 에이솝이다. 최고가 제품이 놓여 있어야 할 자리에 더 저렴한 에이솝이 당당히 놓여 있다. 사람들은 이제 사치의 럭셔리가 아니라 의식과 철학의 럭셔리를 찾는다.

언제 어디에든 '시장'은 존재한다

과거의 마케팅에서는 '20 대 80 법칙'이 당연한 상식으로 통했다. 잘 팔리는 20%의 제품이 80%의 매출을 올려준다는 말이다. 그러므로 재고부담만 되는 부진한 80%의 제품을 빨리 가려내 처리하는 것이 중요했다. 지나치게 차별화된 제품은 그 80%에 속하기 일쑤였다.

같은 맥락에서, 혹자는 이렇게 작게 플레이하면 시장이 너무 작아지는 것 아니냐고 우려하기도 한다. 물론 기존의 유통구조라면 지나치게 차별화된 제품은 퇴출시켜야 한다. 그러나 이제는 현실에서든 가상에서든 글로벌화되고 있기에, 차별화될수록 시장의 기회는 더욱 커진다. 통신망의 발달로 전 세계의 장벽이 허물어진 지금은 크리스 앤더슨Chris Anderson의 주장처럼 롱테일long tail에 속하는 틈새상품이라도 시장은 존재한다.

디지털화는 창고 비용을 대폭 줄여, 차별화된 제품을 수용하는 데 대한 거부감을 낮추는 데도 기여한다. 독특하지만 판매가 많지 않아 기존 서점에 일일이 진열할 수 없었던 책들을 아마존의 교외 창고에는 얼마든지 쌓아둘 수 있다. 비디오 대여점 블록버스터에서는 대중적이지 않은 작품을 찾기 힘들었지만 넷플릭스에 가면 쉽게 구할 수 있다. 엄청난 규모의 타워레코드 매장도 쏟아져 나오는 음반을 모두 구비할 수는 없지만, 아이튠즈에는 없는 음악이 없다. 한마디로 보관과 재고의 부담이 줄어든 디지털 세상에서는 차별화되어도 수요가 적다고 사라지지 않는다. 차별화되지 않은 제품이 사라질 뿐.

게다가 디지털 시대에는 분야별로 잘 정리된 정보가 인터넷에 넘쳐난다. 일반 소비자들도 전문적이고 특이한 카테고리 제품의 리뷰, 특색 있는 여행지나 레스토랑의 방문 후기, 인디 영화에 대한 품평, 독특한 취향의 패션 편집숍에 대한 정보 등에 대해 폭넓은 관심을 보인다. 디지털 시대가 도래하면서 이 같은 정보의 유통은 점점 가속화되고, 차별화된 제품은 더더욱 인기를 끌게 되었다. 차별화만 제대로 된다면 어디서든 시장은 형성되는 시대다.

어떻게 다름을
'점검할' 것인가

5

지그재그^{zigzag}, 즉 갈짓자로 걷는다는 말에서 유래된 《재그(ZAG)》라는 책을 보면, 저자 마티 뉴마이어는 "모두가 오른쪽으로 갈 때, 왼쪽으로 가라(When everybody zigs, zag)"고 충고한다. 마케터라면 누구나 읽었을 《마케팅 불변의 법칙》에도 '반대의 법칙'이라는 것이 나온다. 남들이 하지 않는 방향으로 차별화하라는 말이다.

그 전형적인 예를 몇 가지 살펴보자. 1970년대 미국에 진출한 일본의 자동차 제조업자들은, 휘발유를 먹어 치우는 미국 자동차들과 '반대로' 연료 효율이 높은 소형 자동차를 판매해 성공을 거뒀다. 식품산업에서 남들이 새로운 속성을 첨가할 때, 새로운 제품들은 '반대로' 속성을 제거하기 시작했다. 실제로 컬러-프리, 슈가-프리, 카페인-프리, MSG-프리 등 색소, 설탕, 카페인이 없는 식품들이 봇물처럼 쏟아져 나왔다.

한편 그런 다이어트 제품이 대세를 이루는 것과 '반대로', 한쪽에서는 오빌 리덴베커라는 네덜란드 사람의 조리법을 따른 리덴버더^{Reden Budders} 팝콘이 선풍적인 인기를 끌었다. 이 팝콘의 차별화 포인트는 '상상 이상의 버터맛(more buttery taste than you can imagine)'이다.

경쟁자들과 반대로 하는 것은 차별화를 고민할 때 가장 먼저 떠올리는 방법임에 틀림 없다. 시장의 리더를 무작정 따라 하는 것보다 가치 있는 전략인 것 같기도 하다. 그런데 '반대의 법칙'은 정말 차별화의 만병통치약일까?

실상 일본의 소형 자동차들이 미국에서 빛을 본 결정적 이유는 1970년대 초의 갑작스런 원유값 폭등과 미국 빅3 자동차회사들의 방만한 경영 덕분이었다. '~프리-free' 식품들은 시대 흐름을 타고 워낙 많이 출시된 터라 딱히 '반대의 법칙'을 따랐다고 볼 수도 없다. 리덴버터는 한때의 유행으로 지나가고 말았다.

수많은 경영서에서 '반대의 법칙' 성공사례를 화려하게 조명하지만, 책에 실린 사례들은 특별히 성공한 것만을 모았을 뿐이다. 우리가 잊지 말아야 할 것은, 무조건 반대로 했다가 실패한 사례가 훨씬 더 많다는 사실이다. 그럼에도 수많은 기업들이 반대를 위한 반대, 즉 생각 없는 차별화에 뛰어들곤 한다.

'반대의 법칙'을 빛나게 하는 차이는 '정확한 계산'에서 나온다. 대개는 남들이 이렇게 했으니까 우리는 '그거랑 다른 무언가'를 해야 한다고 생각하지만 그래서는 답이 안 나온다. 당신이 시도할 차별화 전략을 놓고 다음의 질문에 답해보자.

- 소비자들이 정말 호감을 갖는(desirable) 포인트인가?
- 소비자들에게 독특한(distinctive) 포인트라고 인식될 수 있는가?
- 과연 오랫동안 지속할 수 있는(durable) 포인트인가?

차별화의 처음부터 끝까지 끊임없이 점검해야 할 점이 바로 위의 세 가지 포인트(3D라 부르자)다. 어떤 차별화 전략이든 성공하려면 반드시 이를 충족해야 한다.

소비자에게 독특하다는 인식을 심고 호감을 주고, 오랫동안 사랑받으려면 어떻게 해야 할까? 5부에서 자세히 살펴보자.

차별화에 성공한 제품에는
공통점이 있다

강예나는 유니버설발레단의 수석 무용수로서 국제적으로 실력을 인정받은 뛰어난 발레리나다. 한국인 최초로 영국 로열발레스쿨에 들어갔으며, 러시아 키로프발레단과 미국 아메리칸 발레시어터에 최초로 입단한 기록도 갖고 있다.

발레리나는 겉모습은 가냘파 보여도 매일 강도 높은 연습에 잦은 해외투어도 해야 해서 누구보다 강인한 체력이 요구된다. 그녀는 이 같은 강행군을 소화하고 지친 체력을 회복할 수 있는 자기만의 비결로 '입욕'을 들었다. 공연을 마치고 호텔로 돌아와 저녁을 먹고 나면 자정이 넘는데, 다만 몇 분이라도 시간을 내서 입욕을 해야만 그날 쌓인 피로가 풀릴 만큼 중독되어 있다는 것이다.

특히 반신욕을 즐기는 그녀는 러쉬^{Lush}의 충성고객이다. 러쉬는 영국의 핸드메이드 코스메틱 브랜드로, 비슷비슷한 자연주의 브랜드 중에서 강렬한 향과 화려한 색을 특징으로 내세운다. 강예나는 발레용품만으로도 트렁크 하나가 꽉 차지만, 짐 속에 야구공만 한 입욕제(Ballistic)를 5~6개씩 챙겨 넣어야 공연을 떠날 만큼 러쉬의 열렬한 팬이라고 한다.

"입욕제를 쓰는 반신욕의 맛을 알아버린 걸 어떡해요. 짐 여기저기에 러쉬의 발리스틱을 넣어두면 옷에 특유의 향도 배어서 좋아요. 고체 타입이라 샐 염려도 없고요."

이쯤 되면 러쉬를 즐겨 쓰는 정도가 아니라 사랑하는 수준이라고 할 것이다. 이렇게 강한 브랜드 충성도(loyalty)를 창출할 정도의 제품이라면, 차별화는 절반 이상 달성된 셈이다. 차별화의 장점이 지속되고 있다는 증거이기 때문이다.

"환경친화 제품들은 왜 향이 없을까?"

백화점에서 러쉬가 입점해 있는 층에 올라서면, 매장 근처에만 가도 '여기에 러쉬가 있군' 하고 짐작할 만큼 러쉬의 향은 강하다. 러쉬 브랜드를 개발한 사람은 더바디샵에 물건을 공급하던 조향사 마크 콘스탄틴^{Mark Constantine}이다. 그는 친환경, 유기농 등에 대해 이야기할 때마다 왜 그런 제품은 무향, 무색, 무취인지 궁금했다고 한다. '세상에 아름다운 색깔과 화려한 향이 얼마나 많은데 왜 자연친화적 제품은 향이

러쉬는 비누를, 먹어도 될 것같이 진열한다.
무엇을 보여주려는 것일까?

없을까?'

    그래서 태어난 것이 바로 러쉬다. 더바디샵처럼 동물 실험도 하지 않고 친환경 화장품을 만들겠다는 컨셉이지만, 대신 '최고의 향기와 컬러를 집어넣자'는 역발상이 러쉬의 시작이었다. 즉 더바디샵처럼 철저한 '자연주의 목욕용품(POP)'으로 오가닉과 내추럴을 추구하는 동시에, 유사 제품들이 주로 무색무취인 것과 달리 '강렬한 향기와 화려한 컬러(POD)'를 내세워 팬 층을 확보한 것이다. 러쉬의 매장에 가본 사람들은 무슨 말인지 실감할 것이다. 강력한 향에 이끌려 매장 안에 들어서면 알록달록하고 먹음직스럽게 생긴 비누와 입욕제가 포장되지 않은 채 진열되어 있다. 제품 본연의 물성을 그대로 드러내기 위해서다. 화장품 가게에 간 게 아니라, 마치 유럽 시골마을의 파머스 마켓 farmers market에 와 있는 기분이다. 마시멜로 모양을 닮은 발리스틱 이나 케이크 반죽처럼 보이는 바디 크림 등은 먹어도 되는 피넛 버터나 달걀, 아몬드 버터 등으로 만든 것이다. 그래서인지 이들 은 비누 제조공장도 '키친'이라 부른다. 매장 또한 화장품 매장이 라기보다는 케이터링 주방 같은 분위기로 연출한다.

러쉬가 내세우는 컨셉은 '신선한 핸드메이드 화장품(Fresh Handmade Cosmetics)'이다. 이때 '신선함'은 단순한 마케팅 요소 를 뛰어넘은 차별화 포인트다. 다른 코스메틱 브랜드들이 몇 개 월 분량의 제품을 만들어 저장하는 것과 달리, 러쉬는 한 번에 200~300kg만 만들어서 판매한다. 독특한 향기와 거품, 화려한 색상을 연출할 수 있는 이유도 '핸드메이드'를 추구하기 때문이 다. 핸드메이드 컨셉에 걸맞게, 매장에 갈 때마다 다른 모습과 색깔과 향기의 러쉬 제품이 기다리고 있다. 끊임없는 새로움으 로 수많은 충성고객을 확보한 러쉬는, 창립 10년 만에 전 세계 49개국에 800개가 넘는 매장을 둔 기업으로 성장했다.

제대로 차별화된 제품은 3D를 갖추고 있다

러쉬의 차별화를 다시 점검해보자. 우선 소비자들에게 정말 탐나는(desirable) 강점을 제공하는가? 러쉬는 소량을 만들어 제 때 판매하기에 피부 관리에 관심 있는 사람들에게 늘 신선한 제 품이라는 인상을 준다. 공정하게 원재료를 구매하기 위해 정글을 탐험하고 오지를 여행하며 가내수공업에 가까운 방식으로 제품을 제조함으로써, '신선한 핸드메이드'라는 브랜드 컨셉에 따른 품질을 굳건하게 유지한다.

러쉬는 소비자들에게 독특하다고(distinctive) 인식되는가? 친환경을 부르짖는 유사한 제품들이 주로 무색무취인 점을 강조하는 데 반해, 러쉬는 '강렬한 향기와 화려한 컬러'를 내세워 시각과 후각의 독특한 디자인을 보임으로써 유일무이한 제품임을 느끼게 해준다.

러쉬의 차별화는 과연 오랫동안 유지할 수 있는(durable) 포인트인가? 러쉬는 아침에 쓰는 샴푸나 비누가 하루의 기분을 좌우한다고 믿기에, 결코 따분하지 않은 다양한 제품들을 내놓는 데 주력한다. 욕조에 폭탄처럼 투하하는 입욕제인 발리스틱, 샤워젤리, 고체샴푸, 마사지 바 등, 러쉬의 크리에이티브한 제품들은 소비자들이 지루해할 틈을 주지 않는다. 그 점이 강예나와 같은 고객들을 오래도록 붙잡아 놓는 이유가 된다.

이처럼 차별화에 성공한 모든 제품은 3D를 충족시키고 있다. 이 책의 내용은 3D와 긴밀히 연결되어 있다. 2장의 '실제적인 차별화'란 바람직한(desirable) 차별화를, 3장의 '인식상의 차별화'란 독특한(distinctive) 차별화를 가능하게 해주는 요소다. 또한 4장에서 서술한 '차별화의 유지 방식'은 차별화를 지속가능(durable)하게 해주는 방법을 설명한다. 이제, 3D의 점검사항을 좀 더 구체적으로 살펴보자.

차별화는 결국
'심리적인' 과제다

마음에 흡족해야 탐나는 특징이 된다 : Desirable

대부분의 휴대폰은 음성을 저장할 때 별표(*)를 누른다. 그런데 011·016·017·018·019 등의 번호가 난무하던 시절, 어떤 통신사가 별표(*)를 음성 삭제의 기호로, 샵 버튼(#)을 음성 저장의 기호로 사용하도록 해서 사람들에게 혼돈을 준 적이 있다. 관계자에게 그 이유를 물으니, 1위 업체와 차별화하기 위해서 그랬단다. 세상에나!

외국 출장길에 디지털 시대에 맞춰 멋지게 리노베이션했다는 호텔을 추천받아 갔다. 그런데 지나치게 세련된(?) 디자인을 해놓은 바람에 전등 하나 켜고 끄는 것도 피곤했다. 그냥 상식적인 장소에 스위치를 붙여놓으면 될 것을 침대 옆 컨트롤패드에 한

데 몰아놓아 자칫 잘못하면 불이 확 커지기 일쑤였다. 침대 밑 풋램프foot lamp 끄는 방법을 알아내려 골몰하다 보니 잠을 설칠 지경이었다. 한밤에는 잠깐 사이드 테이블의 램프를 켜려다가 TV가 켜지는 바람에 잠을 깰 뻔했다. 이런 식으로 차별화된 디자인은 도대체 누구를 위한 것인가?

이처럼 '소비자가 우리 제품이나 서비스를 왜 구매해야 할까?'에 대한 고민 없이, 차별화라는 명분으로 경쟁자가 제공하지 않는 기능과 서비스를 추가하기에 급급한 모습을 종종 볼 수 있다. 그러나 자칫하다가는 머리는 사자, 몸통은 염소, 꼬리는 뱀으로 된 키메라가 되기 쉽다. 차별점이 '소비자'가 느끼기에 실로 탐나는(desirable) 특징이 되지 못한다면, 그 브랜드의 존재 이유는 사라지고 만다.

이와 같이 소비자가 탐내는 차별화 지점을 '꺾는 포인트'라고도 표현한다. JOH에서 운영하는 세컨드 키친은 '꺾는 포인트'가 기발하다. 세컨드 키친의 음식이 특이한 것은 아니다. 그런데 와인 하나로 꺾는다. 아무래도 레스토랑에서 와인을 주문할 때 가격에서 완전히 자유로워지기란 어렵다. 너무 싼 것을 시키자니 상대방에게 미안하고, 비싼 것을 시키자니 부담스럽다. 고객의 그런 애로를 알기에 와인 값을 5만 5,000원 균일가로 했다. 그게 먹혀 들어간 것이다. 돈 내는 사람은 아무래도 주문할 때 곁눈질로 가격을 보게 되는데, 와인 종류가 엄청 다양하면서도 균일가라니 그거 기발하다.

세컨드 키친은 인테리어도 세련되고, 음식도 좋고, 웨이터들도 멋지지만, 새로운 음식점들이 끊임없이 생겨나는 요즘 그런 요소들을 차별화 포인트라 하기는 어렵다. 그들은 소비자의 마음을 읽음으로써 균일가 와인을 차별점으로 삼은 것이다.

여기에 차별화의 힌트가 한 가지 있다. 소비자가 정말 바람직하다고 느끼는 부분은 단순히 기능적·물리적 편리함을 뛰어넘은 '심리적 만족'이라는 사실이다. 심지어 '기능적 불편함'이 '심리적 만족감'을 가져다주는 경우도 적지 않다.

일본에서는 자동차가 좌측통행을 하므로, 핸들이 우측에 달려 있다. 그래서 일본에서 조립되는 벤츠나 BMW는 핸들이 오른쪽에 달려 있다. 그런데 일본인에게 인기 있는 고급차는 소위 '홈마키'라 불리는, 독일에서 생산되어 핸들이 왼쪽에 달린 차다. 왼쪽에 핸들이 있는데 좌측통행을 해야 하면 매우 불편해진다. 톨게이트에서는 차에서 내려 요금을 내야 하므로 이만저만 불편한 게 아니다. 비가 오는 날에는 더 성가시다. 그럼에도 핸들이 왼쪽에 달린 독일차가 더 인기가 있다. 어쩌면 요금을 내려고 귀찮게 차에서 내릴 때마다 홈마키 독일차를 탔다는 자부심을 느끼는 것은 아닐까?

객관적으로 보기에는 말이 안 되는 특성이라 생각될지라도, 소비자들이 만족한다면 그게 정답이다.

백화점에 가면 이름난 해외 명품 브랜드들이 즐비하다. 국산 의류보다 가격은 월등히 비싼데, 사실 한국인의 체형에는 잘 맞지 않는다. 거의 대부분이 한국인이 입기에는 팔이 길다. 그런데도 많은 고객들이 디자인을 망칠까 봐 옷을 줄이지 않는다. 양복의 경우 와이셔츠가 살짝 보일 만큼의 소매 길이가 적당하지만, 해외 브랜드 양복은 손등을 덮어 답답한 느낌을 준다. 그게 표준인 줄 알고 국산 양복도 길게 입는 걸 보고, 한국을 방문한 외국 디자이너가 실소를 금치 못했다는 신문기사를 본 적이 있다. 간혹 잘 어울리지도, 크기가 잘 맞지도 않는 옷을 유명 브랜드라고 입고 다니는 사람을 보면, 사람은 안 보이고 옷만 보인다. 그러나 어쩌랴, 그로 인해 만족을 느낀다면.

2010년 10월 17일자 〈월스트리트 저널〉에는, 스타벅스 본사에서 바리스타들에게 커피를 좀 더 천천히 뽑아주라고 지시했다는 기사가 나온다. 고객들이 자신이 기다리는 커피가 조립라인에서 기계화된 방식으로 뽑아져 나오는 것처럼 느끼지 않도록 하기 위해서다. 스타벅스는 바리스타들이 한 번에 최대 두 잔 이상의 커피를 만들지 못하게 하고, 각 음료마다 더 정성을 쏟는 듯한 모습을 보여주라고 주문한다. 이 때문에 어떤 때는 시간이 두 배 이상 걸려서, 더 오래 기다려야 한다. 하지만 그럴수록 고객이 어렵게(?) 받아든 에스프레소를 쥐고 한 모금 마실 때의 기쁨은 배가될 것이다.

이탈리아가 자랑하는 멋진 스포츠카 람보르기니를 타보았는가? 람보르기니는 '시저 도어scissor door'라고 하여 문이 수직으로 열리는데, 보기에는 멋지지만 막상 타려면 문틱 때문에 들어가서 자리를 잡기가 불편하다. 겨우 타면 차체가 매우 낮아 방바닥에 앉은 것처럼 거의 눕다시피 다리를 죽 뻗어야 한다. 자세가 이러니 시야도 높지 않고 오래 앉아 있으면 불편하기 짝이 없다. 또한 심한 코너링에도 차가 기울지 않아야 하고 고속 상태에서 차가 튀지 않아야 하므로, 차체의 스프링이 딱딱해서 두어 시간만 타도 허리가 뻐근해온다. 두 사람이 겨우 타는 차에서 운전자는 운전하는 재미라도 느낀다지만, 옆에 앉은 사람은 멀미가 날 지경이다. 그럼에도 수많은 남성들이 람보르기니를 로망으로 꼽는 이유는 무엇일까.

차별화에서 '바람직함'이란 반드시 더 빠르거나 더 맛이 좋거나 편리한 것만을 의미하지 않는다. 객관적으로 보기에는 말이 안 되는 특성이라 생각될지 몰라도 소비자들이 만족한다면 그게 정답이다. 어떤 특성이 당신의 고객에게 기쁨을 주는가? 차별화를 고민하는 이들이라면 피해서는 안 될 질문이다.

남들에게 없는 독특함이 생명이다 : Distinctive

차별성의 가장 중요한 포인트는 남들이 갖지 못한 독특함(distinctiveness)으로 귀결된다. 독특함을 어필하는 데는 기본적으로 세 가지 방법이 있는데, '최초(the first)'이거나 '유일(the only)'하거나 '최고(the best)'라는 사실을 부각시키라는 점은 3부에서 자세히 다루었다.

우선 '최초(first)'를 보자. 최초는 최초라는 사실만으로도 사람들을 끌어당기는 마력을 갖는다. 특정 카테고리에서 고객의 마음속에 가장 먼저 자리를 잡는 것이 관건이다. 간장 하면 '샘표'가 아직도 타의 추종을 불허하며, 속이 더부룩하면 많은 이들이 '활명수'를 찾는다. 올리브유다 뭐다 하여 식용유 시장의 경쟁이 치열하지만 아직도 '해표'가 시장을 선도하고 있으며, OA업체들이 범람하는 가운데서도 복사기라면 '신도리코'를 꼽는다. 모두 사람들의 마음속에 가장 먼저 자리한 덕분이다.

반면 '유일(only)'하다는 점을 드러낼 때는 독특한 모양이나 특성을 내세운다. 미국의 가구회사인 허먼 밀러Herman Miller가 만드는 에어론 체어Aaron Chair는 공기가 통하는 그물망 소재인 메시mesh를 사용한 인체공학적 디자인으로 사무용 의자의 모범답안을 제시했다. 덕분에 소비자들로부터 '세상에서 가장 편한 의자'라는 평가를 받고 있다. 이처럼 어떤 분야의 전문적인 회사라고 알려지는 것은 유일함을 강조하는 한 가지 방편이다.

'최고(best)'임을 강조하여 차별화를 꾀할 수도 있다. '1위 브랜드'라고 하면 소비자들은 이미 검증되었다고 인정하기 때문에, 기업들은 시장점유율 면에서 선도 기업(market leader)이 되기 위해 각축전을 벌인다. 서점에 놓인 베스트셀러는 순위에 랭크되었다는 사실만으로도 차별화가 된다. 명품 브랜드들이 그러하듯이, 오랫동안 최고로 인정받아온 전통(heritage) 있는 회사임을 알리는 것도 좋은 차별화 포인트다.

어쩌면 '남들이 갖지 못한 독특함'이란 곧 '차별화'의 핵심이다. 혹 남다른 특성이 없으니 차별화할 방법을 고민하는 것 아니겠냐고 반문할지도 모르겠다. 자신의 제품에서 무엇을 차별화 포인트로 내세울지 모호하다면, 앞에서 말한 세 가지 전략, 즉 '최초, 유일, 최고'를 기준으로 곰곰이 생각해보면 도움이 될 것이다. 혹여 그 기준에 부합하는 것이 없다면, 그때야말로 처음으로 돌아가 고객이 좋아할 특성이 무엇일지 고민하고, 그것을 나의 비즈니스에 반영해야 할 것이다.

끊임없이 변해야 오래 간다 : Durable

차별점은 무엇보다 지속성(durable)을 갖춰야 한다. 반짝 인기를 얻기도 쉽지는 않지만 오래도록 사랑받는 브랜드로 남기란 더더욱 쉽지 않다. 소비자의 마음은 변덕스럽고 새로운 제품들은 계속 나오는 와중에 차별성을 지속하기란 대단히 어렵다.

여기서 지속성을 추구할 때 반드시 염두에 두어야 할 사항을 짚어보자. 지속성이라 하면 흔히 '변하지 않는 속성'을 떠올리기 쉬운데, 지속성이 곧 변함 없음을 뜻하는 것은 아니다. 지속성을 유지한다면서 변화를 거부하다가는 고객들이 싫증을 느껴 떠나기 십상이다.

지속성의 핵심 전략은 리쉬처럼 사람들의 충성심(loyalty)을 유지하는 것이다. 그러려면 '본질'은 지키되, 본질의 표현은 더

'자기다움'을 지킨다는 것은
변화 없음을 뜻하는 게 아니다.
본질은 흔들지 말되
껍질은 끊임없이 바꿔야 한다.

앱솔루트가 이토록 다양한 병을 계속 만들어내는 것은
단순히 재미를 위해서는 아닐 것이다. 도대체 그 이유가 뭘까?

자인을 통해서든 커뮤니케이션을 통해서든 계속 바꾸어가면서 '자기다움'을 만들어내야 한다. 이때 중심 컨셉에 대한 '흔들리지 않는 믿음'과 '변화의 창의성'이 지속성의 핵심이다.

앱솔루트^{Absolut} 보드카의 "결코 달라지지는 않겠지만, 늘 변화합니다(Never different, but always changing)"라는 슬로건도 같은 맥락이다. 앱솔루트는 차별화 포인트로 독특한 모양의 병을 지속적으로 활용하지만, 병의 디자인이 탄성을 자아내리만치 다양해서 소비자의 눈길을 끈다. 보드카라는 술 자체는 크게 바뀔 것이 없다. 병 모양도 단순하지만, 끊임없이 새로 나오는 광고와 다양한 병 모양은 늘 사람들의 관심을 잡아끈다. 끊임없이 변화하는 병 덕분에 매출은 지속되고 있다.

포르쉐 자동차의 디자인 정책은 '바꾸어라, 그러면서 바꾸지 마라(Change it, but do not change it)'다. 세태에 맞는 변신은 계속하되, 근본이 되는 프로토타입(prototype, 原型)은 바꾸지 않는다는 것이다. 그렇게 함으로써 포르쉐는 늘 새로우면서도 '포르쉐다움'이라는 차별성을 지키고 있다.

프롤로그에서 예로 들었던 로모 카메라를 보더라도, 독특한 기능 하나가 영원한 성공을 보장하지는 않는다. 아이팟이 미니, 셔플, 나노 등으로 끊임없이 변화해온 것처럼, 앱솔루트 보드카의 병이 늘 변신하는 것처럼, 로모 역시 계속해서 새로운 제품들을 선보이고 있다.

플라스틱 렌즈가 4개 달린 이상한 모양의 카메라는, 각도와 색상이 다르게 나오는 4컷의 이미지를 한 장의 사진에 담아내는 기능으로 단기간에 인기를 끌었다. 그들은 팝9Pop-9이라는 9개의 렌즈가 달린 카메라도 내놓았다. 그 외에도 180도의 시야를 한 번에 커버할 수 있는 피시아이Fisheye 카메라를 비롯해 미디엄 포맷 카메라 다이애나 F+, 작고 귀여운 다이애나 미니, 즉석에서 확인하는 재미가 압권인 인스탁스, 파노라마 이미지를 담아내는 호라이즌, 루비텔 166+, 스피너 360, 스프로킷 로켓 카메라, 컬러 스플래시 등, 독특한 이미지를 자아내는 온갖 색다른 렌즈를 갖춘 다양한 카메라들이 출시되고 있다. 끊임없이 변해야 남과의 차별성이 오래도록 유지된다.

그러나 차별화는 그저 남과 다른 데서 그쳐서는 안 되고 지속적으로 '~스러움'을 만들어가는 과정으로 생각해야 한다. '애플' 하면 어떤 느낌이 드는가? 애플이 창의적이라는 것은 누구나 다 안다. 대체 어떻게 알까? 창의성을 다양한 모습으로 끊임없이 보여주기 때문이다. 광고만 해도 1984년의 그 유명한 매킨토시 광고부터 파블로 피카소, 짐 헨슨, 앨프레드 히치콕 감독을 포함한 유명인사들이 출연한 광고까지 다양하다. 그러나 'Think Different'라는 애플의 메시지는 변하지 않는다. 제품의 패키지, 제품, 심지어 매장의 고객 서비스(Genius Bar)를 통해서도 애플은 창의성이라는 일관된 메시지를 전달한다. 그 덕분에 그들이 내세우는 메시지가 좋든 싫든, 우리는 애플이 어떤 회사인지 알 수 있다.

진정한 차별화는 그 브랜드만의 이미지, 철학, 느낌을 만들어낸다. 처음 봤을 때 특정 인물이 연상되지 않는 브랜드, 즉 느낌이 없는 브랜드는 실패작이라 해도 과언이 아니다. 좋은 브랜드를 보면 가치관이 뚜렷한 사람을 대하는 기분이 든다. 엄청나게 차려입지 않아도 자기만의 색깔이 뚜렷한 사람, 미남미녀가 아니어도 기억에 남는 사람이 있지 않은가? 브랜드도 마찬가지다. 아무리 품질이 뛰어나도 자기만의 컬러가 없으면 금세 잊히기 쉽다. 반대로 품질은 최상급이 아니더라도 자기만의 컬러로 일관된 이미지를 각인시킨다면 오래도록 살아남는 브랜드가 될 수 있다.

잊지 말자. '한결같다'는 '변함이 없다'가 아니다. 자기만의 컬러를 지키되 트렌드에 맞춰 디테일하게 변해야 한결같아진다.

'볼보다움'이나 '애플다움'이란 말을 들으려면, 브랜드 컨셉을 중심으로 세태에 맞추어 부지런히 변화를 시도해야 한다. 최고의 광고맨이었던 데이비드 오길비는 "소비자는 아내와 같다"라는 말을 남겼다. 사람이든 제품이든, 변하지 않으면 권태기가 온다. 변함없는 사랑을 보여주려면 초심을 잊지 않되 끊임없이 변화해야 한다는 사실을 기억하자.

성공적으로 차별화된 제품은 예외없이 3D를 충족시킨다. 이 책에서 설명한 모든 제품 또한 3D 요건을 충족시킨다. 다만 총체적인 이해를 위해 한 가지 사례를 더 살펴보자.

"우리 칼이 얼마나 날카로운지는 홍보하지 않는다"

페이스북이나 인스타그램, 트위터 등 SNS에서 가끔 사람들이 올린 글을 보고 있으면, 요리 때문에 SNS를 한다 싶을 만큼 음식과 관련된 콘텐츠가 많이 올라온다. 요즘 대세인 맛집을 찾아서 음식 사진을 찍고 올리는 건 기본이요, 자기가 직접 만든 요리를 올리는 이들도 부지기수다. TV를 봐도 '집밥' 경쟁 프로그램, 맛집 투어, 스타 셰프들이 나오는 오디션 등, 요리가 테마인 프로그램이 즐비하다. 1인 가구나 소형가구 중에도 자기만의 레시피로 건강식을 만들거나 친구들을 초대해 요리를 만드는 이들이 적지 않다. 세끼 꼬박꼬박 챙겨먹는 '의무'가 아니라 일종의 '재미'로 요리를 즐기는 사람들이 늘어나면서 우리의 주방에도 변화가 일어나고 있다.

조셉조셉 주방용품의 성능이 탁월한 것은 아니다. 그런데 주방이 적나라하게
드러나는 현대적 생활공간에 조셉조셉은 어떻게 파고들었을까?

화려한 컬러와 스타일리시한 디자인을 자랑하는 주방용품 조
셉조셉Joseph Joseph은 이러한 흐름을 타고 차별화에 성공한 대표적
케이스다. 조셉조셉의 창업자인 안토니 조지프와 리처드 조지
프는 영국 버밍엄에서 쌍둥이 형제로 태어나 대학에서 디자인을
전공했다. 그들의 아버지는 가업을 이어받아 글래스 컴퍼니Glass
Company를 경영했는데, 자동차 백미러, 냉장고 선반 등 다양한 유
리제품을 만들었지만, 유리도마 외에는 반응이 신통치 않았다.

두 형제가 아버지의 사업에 참여한 이후 형은 디자인을, 동생
은 경영을 맡으며 접시와 머그잔, 시계에 이르기까지 닥치는 대
로 제품의 구색을 갖춰 나갔다. 하지만 브랜드 컨셉이 분명하지
않아서인지 특색 없는 제품들이 늘어날 뿐이었다.

그들은 고민 끝에 한 가지 방향에만 집중하기로 결정했는데, 바로 유리도마를 중심으로 한 주방용품이었다. 때마침 여기저기서 스타 셰프들이 등장하면서 요리문화가 하나의 트렌드로 떠오르고 있었다. 제품의 소재 또한 유리뿐 아니라 밝고 명랑한 원색의 튼튼한 플라스틱으로 넓혀갔다. 그 결과 2003년에 시작한 조셉조셉은 10년 만에 3억 달러의 매출을 올리는 주방용품 회사로 성장했다.

그러나 정작 창업자인 조지프 형제는 요리에 별다른 재주가 없었다니 흥미롭다. 더욱 흥미로운 사실은 그들의 무지(?)가 회사가 발전하는 원동력이 되었다는 점이다. 실상 조셉조셉은 전문 요리사가 즐겨 쓰는 제품도, 가정에서 진지하게 요리하는 이들을 위한 제품도 아니다. 그러나 부엌에 조셉조셉의 주방용품을 걸어놓은 모습은 예술적이기까지 하다.

모든 차별화는 '마음이 판단'할 몫이다

2차 세계대전 이후에 생겨난 유니버설 디자인universal design이란 개념이 있다. 장애인이나 약자, 노인 등을 위한 디자인을 뜻하는데, 이들을 위해 디자인하면 보통 사람들에게도 더 편리한 제품이 되어 결국 모두를 위한 디자인이 된다는 원리다. 가령 허리 아픈 사람을 위한 의자를 만들면 평범한 사람들에게도 편안한 의자가 되고, 노인들이 힘 들이지 않고 쓸 수 있는 도구를 만들면 누구에게나 편리한 제품이 된다.

주방용품 중에서 유니버설 디자인의 대표 격으로 불리는 것이 바로 옥소^{OXO}다. 조셉조셉 역시 누구나 편하게 쓸 수 있다는 점(POP)에서 옥소와 일맥상통하지만, 내구성과 안전성을 강조하는 옥소와 달리 조셉조셉은 화려함과 스타일리시함(POD)을 추구한다. 주방에서 사용하는 대부분의 도구는 요리를 잘하기 위한 것이지만, 조셉조셉은 사람과 공간, 라이프스타일을 기반으로 제품을 만든다.

요즘 새로 지은 집이나 인테리어를 보면, 예전에는 안쪽에 위치해 있던 주방이 마치 거실의 일부처럼 적나라하게 드러나 보인다. 화려한 컬러와 독특한 디자인의 조셉조셉은 주방이 훤히 보이는 구조의 집에 살면서, 친구들을 불러 요리를 즐기는 라이프스타일을 가진 이들을 만족시키기에 충분하다. 주방용품에 무슨 차별성을 입힐 수 있을까 싶겠지만, 조셉조셉은 기능적이면서도 스타일리시하고 화려한 색상의 디자인으로 유니크함을 창출해 대성공을 거두었다.

패셔너블한 액세서리 같은 느낌을 주는 조셉조셉은, 자신의 주방을 뽐내고 싶어하는 사람들에게 '갖고 싶은 제품'(desirable)이라는 이미지를 인식시켰다. 조셉 형제는 "독일 칼 헨켈은 어떤 스틸을 사용하고 얼마나 날카로운지에 대해 이야기하지만, 우리는 굳이 그런 기능을 홍보하지 않는다"고 말한다. 기능이 떨어져서가 아니라, 조셉조셉은 디자인이 눈에 띈다(distinctive)는 면에서 가장 차별화되기 때문이다.

또한, 두께 조절이 가능한 밀가루 반죽 밀대, 딸기나 방울토마토 꼭지를 버릴 수 있도록 별도 그릇이 부착된 접시, 샐러드를 덜어먹는 큰 포크가 붙어 있는 샐러드 볼, 각종 모양의 채썰기가 가능하도록 스위스 아미 나이프처럼 각종 채칼을 한번에 붙여놓은 나이프 등, 신기한 기능의 제품이 매장에 갈 때마다 새로 소개된다. 그뿐 아니라 기존의 제품도 다양한 디자인과 컬러로 새로이 만들어져 나오므로, 사소한 변화가 끊임없이(durable) 소비자들을 즐겁게 한다. 조셉조셉은 요리도구를 전문적으로 취급하는 요리사를 겨냥하기보다 집에서 가벼운 요리를 즐기려는 대중의 마음을 읽은 제품으로 독특한 위상을 차지하고 있다.

차별화의 세 가지 요건을 점검할 때 가장 중요한 점은, 3D가 제품의 요건이라기보다 심리적 인식의 요건이라는 점이다. 호감이 가는(desirable) 제품이란, 기능적인 이슈이기도 하지만 '심리적인' 이슈임을 간과해서는 안 된다. 차별점이 독특한(distinctive) 포인트인지도 기업이 주장할 것이 아니라 소비자의 '마음이 판단'할 몫이다. 차별성을 오래 유지하려면(durable) 아이러니하게 끊임없이 변화하는'듯이 보여야' 함을 설명했다. 즉 모든 차별화는 소비자의 인식에 차별성을 심어줄 수 있느냐의 심리 게임인 것이다.

애절함이 만든
세계적 브랜드

비브람Vibram이란 브랜드를 들어본 적이 있는가? 비브람은 신발 밑창의 브랜드다. 예전에는 등산에 관심 있는 마니아들만 알던 브랜드이지만, 점차 수요가 늘어나면서 성장 가능성이 무한한 회사로 발돋움하고 있다. 그들이 어떻게 성공의 기반을 닦게 되었는지를 살피면서 이 책을 마무리하려 한다.

"밑창을 보고 구매하세요"

비탈레 브라마니Vitale Bramani라는 밀라노 출신의 등반가에서 이야기는 시작된다. 그는 1935년, 이탈리언 알파인 클럽의 멤버들과 알프스에 올랐다. 그런데 등반 중 기상이 악화돼 심한 폭설과 안개가 덮치면서 동상과 저체온증으로 6명의 동료를 잃는 비극을 겪는다. 동료들의 죽음에 그는 깊은 실의에 빠졌고, 동료들이 왜 죽어야 했는지 자신에게 묻고 또 물었다.

그는 동료들이 추위를 버티지 못한 가장 큰 원인이 신발 때문이라고 판단했다. 당시 등반가들은 주로 가죽과 천, 금속으로 만든 등산용 부츠를 신었는데, 지형이 평탄한 산의 초입까지는 바닥에 징이 박힌 부츠를 신다가 가파른 오르막에서는 질긴 대마에 보온이 되는 펠트로 바닥을 덧댄 부츠로 갈아 신곤 했다. 그러나 낮은 온도와 악천후에 대비할 수 있는 방수 및 단열 기능이 미흡한 소재들이었다. 눈이나 진흙, 얼음과 이끼가 덮인 바위에서는 아무리 거친 소재를 신발에 덧댄다 해도 미끄러짐과 동상을 방지하기에는 역부족이었다. 눈비를 피해 빠르게 움직일 수도 없었고, 가파른 산비탈을 내려오는 과정은 오르는 것보다 훨씬 위험했다.

브라마니는 다시는 이런 비극이 재발하지 않도록 해야겠다고 굳게 결심한 후 신발 개발에 몰두한다. 그는 접지력이 강하고 바닥의 습기와 냉기를 차단할 수 있는 밑창에 적합한 소재를 고민하던 중, 그때까지 아무도 생각지 않았던 가황加黃고무를 신발 밑창에 덧댈 생각을 했다. 지금 보면 단순한 생각이지만, 무엇이든 처음으로 시도할 때는 획기적인 아이디어다. 가황고무는 생고무에 유황을 더해 탄성을 높인 제품인데, 미국의 발명가 찰스 굿이어Charles Goodyear가 이미 1800년대 중반에 특허를 내고 상용화해서 자전거, 자동차, 항공기 등의 타이어 소재로 널리 쓰이고 있었다.

브라마니는 자동차 타이어처럼 고무 밑창에도 마찰력이 배가되도록 트레드 패턴tread pattern을 홈으로 새겨 넣고, 이를 신발에 장착해 2년간 수차례 산을 오르내리며 직접 기능을 테스트했다. 기능을 확신한 그는 타이어 제조사인 피렐리Pirelli의 레오폴드 피렐리 회장으로부터 재정 지원을 받아 본격적으로 제품을 생산하기 시작했다.

얼핏 생각하면 지원을 받았으니 등산화 회사를 차릴 것 같지만, 그는 타깃을 넓히지 않고 신발 밑창 생산에만 몰두했다. 그리고 1937년, 자신의 이름과 성의 첫음절을 딴 '비브람Vibram'을 상표로 등록했다.

비브람은 이탈리아의 여러 등산화 업체에 밑창으로 팔려나갔으나, 그저 B2B 사업에 지나지 않았다. 이탈리아 내에서도 생각처럼 빨리 알려지지 않았다. 하지만 그는 비브람 밑창의 장점을 열심히 설파하고 다녔고, 여러 등반대를 꾸준히 지원했다. 그러기를 10여 년, 1954년 7월에 이탈리아의 데시오 원정대가 비브람 밑창을 사용한 등산화를 신고 세계에서 두 번째로 높은 산인 인도 카라코람의 K2에 세계 최초로 오르는 쾌거를 이뤘다. 엄홍길 대장이 한국의 영웅이 되었듯이, 그 당시 데시오 원정대는 이탈리아 젊은이들의 우상이 되었다. 이 일을 계기로 비브람 밑창은 인지도를 얻기 시작했다.

그 후로 비브람은 군화용, 산업 안전화용 등 다양한 영역의

산 사나이들의 취향은 각기 달라도 모두 노란색 팔각 로고가 밑창에
새겨진 등산화를 신는다. 도대체 무슨 브랜드일까?

제품을 개발해나갔다. 캐주얼한 신발에 쓰이는 가볍고 쿠션감
좋은 컴파운드부터 암벽 등반용으로 접지력에 중점을 둔 전문컴
파운드, 재활용 고무를 사용한 친환경 컴파운드에 이르기까지
다양한 소재와 디자인을 속속 선보였다. 몽클레르나 프라다 같
은 럭셔리 패션 브랜드들도 비브람 밑창을 찾기 시작했다. 완제
품이 아닌 하나의 부품만 전문으로 만드는 제조사가 브랜드로서
독자적인 명성을 쌓은 것이다.

　비브람의 기본 마케팅은 '밑창을 보고 구매하라'는 말로 요약
할 수 있다. 잡지나 신문 같은 지면 매체에 싣는 광고들 역시 밑
창에 박힌 선명한 노란색 팔각 로고를 강조한다. 밖으로 드러날
일이 거의 없는 데다 얼핏 보아서는 제조사 구분도 쉽지 않은 수

많은 신발 밑창들 사이에서, 비브람의 노란색 로고는 확연하게 시선을 끈다. 검은색 고무 밑창과 강렬한 대비를 이뤄 멀리서도 한눈에 비브람 밑창을 알아볼 수 있다.

암벽을 타거나 고산을 오르는 프로 등반가들의 사진에서 선명하게 빛나는 노란색 로고는 일반인에게도 자연스레 '전문가가 사용하는 검증된 제품'이라는 이미지를 준다. 비브람의 로고를 보면서 자연스레 신발의 품질까지 신뢰하게 되는 것이다. 실제로 많은 파트너 등산화 브랜드들이 제품 광고에서 밑창은 비브람이라는 점을 강조한다. 등산화를 고르는 상당수의 고객이 밑창을 보고 신발을 구매하기 때문이다.

비브람의 철학을 이해하고 신뢰하게 된 소비자는 자발적으로 홍보대사가 되어 브랜드를 광고하고 이름을 퍼뜨린다. 오늘날 수많은 복제품과 아류 상품이 등장했지만, 비브람 브랜드의 품질을 신뢰하는 많은 소비자들이 먼저 나서서 블로그와 SNS 등을 통해 정확한 정보와 의견을 피력하고 있다.

비브람의 발자취는 우리에게 많은 것을 시사한다. 무엇보다 차별화 원리인 'POP-POD'의 관점에서 보면, 유사점(POP)이 확실하다. 등산화라는 제품은 누구나 쉽게 이해할 수 있는 카테고리다. 차이점(POD)은 고무 밑창이다. 접지력과 내구력을 높인 가황고무를 신발 밑창으로 쓴다는 것이 비브람의 강력한 차별화 포인트다. 그러나 아무리 우수한 제품이라도 시장에서 모두 성공하는 것은 아니다. 차별화된 제품은 엔지니어들이 만드는 게 아니라 마케터가 만들어가야 한다.

비브람의 차별화 동력은 물론 '기능'이다. 미끄러지지 않고, 내구성이 강해서 오래 쓰며 추위에 강한 밑창이라는 비브람의 기능은 '실제적인 차별화' 포인트다. 그러나 그와 유사한 밑창을 만드는 기업은 얼마든지 생겨날 수 있다.

'인식상의 차별화'를 위한 FOB 관점에서 보면, 무엇보다도 비브람은 전문업체(unique specialty)임을 인식시켰다. 1969년 처음 쓰기 시작한 마르카 오로Marca Oro라는 이름의 노란색 로고는 일반 소비자에게 브랜드를 인지시키는 가장 강력한 매개체 역할을 했다. 신발의 부품이지만 전문적인 브랜드로 우뚝 선 것이다.

타깃을 섣불리 넓히지 않은 것도 주효했다. 만약 그들이 신발까지 만들어 팔았다면, 비브람 밑창이 지금처럼 널리 알려지지 못했을 것이다. "침대는 가구가 아닙니다, 과학입니다"를 널리 각인시킨 에이스 침대는 가구회사로 포지셔닝했다. 그들이 전문성을 내세워 매트리스 회사라고 좁게 포지셔닝했더라면, 더 큰 시장을 차지했을 거라는 아쉬움이 늘 있다.

비브람이 등산화 밑창이라는 행성의 궤도를 계속 돌게 하는 유지 동력은, 끊임없는 신세품 개발이다. 군화용, 안전화용, 다양한 컴파운드의 등산화용 등 지속적으로 새로운 영역을 개발하며 소비자와 소통해온 비브람은 파이브핑거스FiveFingers를 내놓기에 이른다.

이런 신발이 팔릴 수 있을까?

이 제품은 '맨발 러닝(barefoot running)'이라는 개념에서 출발한 신발이다. 맨발로 생활하던 시대에서 발을 가두는 형태의 신발을 신기 시작하면서 보행 주법에도 변화가 생겼고, 발의 움직임은 둔화됐다. '발가락 신발'로 불리는 파이브핑거스는 이러한 환경에서 발을 보호하면서 자연과 좀 더 가까워지고자 하는 고민을 거쳐 개발한 제품이다. 발 모양 그대로 디자인한 얇고 유연한 밑창은 맨발처럼 발을 자연스럽게 구부리고 펼 수 있도록 돕는다. 또한 발바닥에 닿는 지면구조와 정보를 그대로 전달해 신체 감각과 균형감을 극대화한다. 발가락 형태의 밑창은 비브람이 처음 개발한 것으로, 2005년 출시한 이후 베어풋 슈즈barefoot shoes의 선구자로 자리매김하며 기존 런닝화 시장에 베어풋 바람을 불러일으키고 있다. 흙바닥에서 전해지는 기운을 만끽하며 뛰는 즐거움을 주기 때문이다.

이 제품들이 차별화의 요건인 3D를 자연히 충족하고 있음은 말할 필요도 없다. 그러나 무엇보다도 중요한 것은 모든 성공적인 차별화 제품 뒤에 내재된 철학과 가치관이다. 비브람은 평생 기억에서 지울 수 없는 동료들의 죽음이 되풀이되지 않기를 바라며, 다른 등반가들이 마음껏 산을 등정할 수 있었으면 하는 개인의 염원이 낳은 애절한 제품인 것이다.

인간은 스스로 변화를 만드는 유일한 동물이다

아프리카 남부 칼라하리 사막에는 스프링벅Springbok이라는 산양이 산다. 이 산양은 보통 20~30마리씩 무리를 지어 다니지만 계절이 바뀔 때는 수천 마리가 떼를 이루기도 한다. 거대한 산양 떼가 천천히 이동하는 장면은 가히 장관이리라.

그런데 앞서 가는 산양들이 풀을 먹고 지나가면, 뒤에 오는 양들이 먹을 풀이 남아나지 않는다. 그래서 뒤따르는 산양들은 풀을 먹기 위해 앞으로 나서려 한다. 앞에 가는 양들도 뒤처지지 않으려고 점점 발걸음이 빨라진다. 얼마 지나지 않아 그 큰 무리가 모두 전력 질주를 시작한다. 처음에는 풀을 뜯어 먹기 위해 앞으로 가지만, 그다음부터는 뛰기 위해 뛴다. 결국 왜 뛰는지도 잊은 채 그대로 내달리다가 낭떠러지에서 바다로 떨어져 죽는 일이 허다하다고 한다.

처음에는 목적이 있어서 앞서려고 했다. 그러다가 다음에는 앞서기 위해 앞서려 한다. 그다음에는 어디로 가는 줄도 모르고 달리기 위해 뛰는 것이다. 이 얼마나 어리석은 짓인가.

이들 산양처럼, 가격에서든 서비스에서든 오로지 '경쟁'만 의식하며 죽는지도 사는지도 모르면서 무작정 내달리는 어리석은 기업들이 많다. 차별화를 한다고 이것저것 시도해보며 열심히 내달리기만 하는 기업은 곧 막다른 골목에 봉착하고 만다. 어떠한 차별화도 뚜렷한 가치관이나 철학 없이 차별성만 눈에 띄게 하려고 해서는 결코 성공을 지속할 수 없다.

영국의 저명한 역사학자인 존 로버츠John Roberts의 저서 《세계의 역사(History of the World)》를 보면 이런 말이 나온다. "호모 사피엔스를 설명하는 탁월한 묘사 중 하나는, 무엇보다 변화를 만들어내는 동물이라는 것이다(One of the few good descriptions of Home Sapiens is that he is, above all, a change-making animal)."

그렇다. 인간은 스스로 변화를 만들기에 위대하다. 그리고 변화란 차별화를 시도한 결과다. 변화의 리스크 때문에 주저하고 있는가? 그러나 위험은 변화하지 않는 사람에게 찾아온다. 살아남고 싶다면, 제대로 된 차별화를 추구하라.